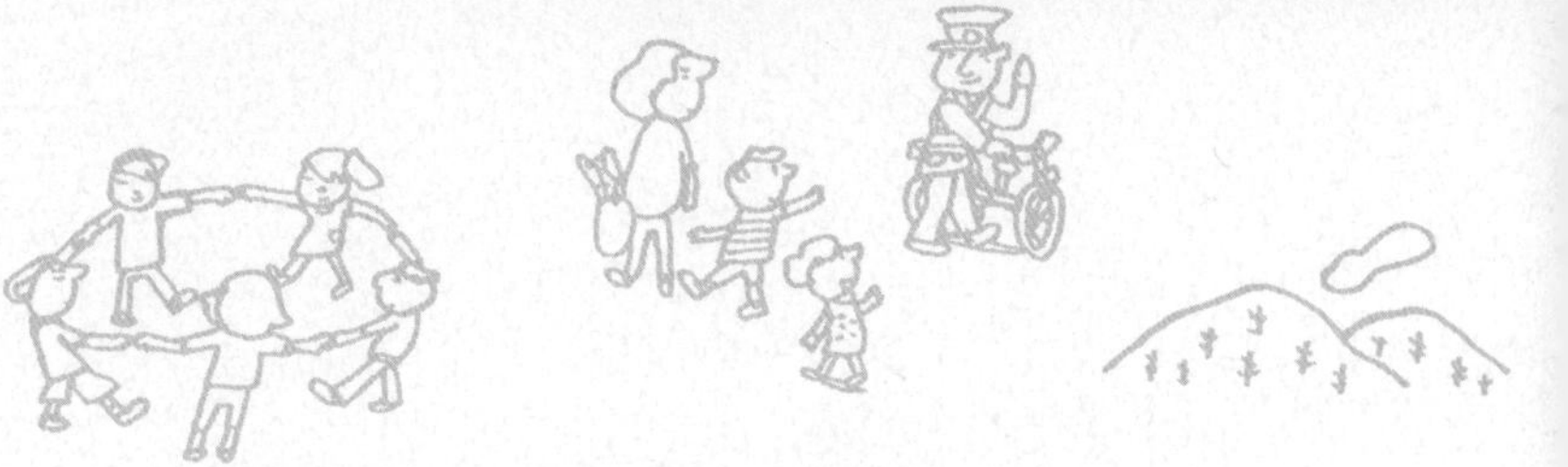

「つながり格差」が学力格差を生む

志水宏吉

亜紀書房

「つながり格差」が学力格差を生む

2章　なぜ学力格差が生じるのか

3章　「つながり格差」の主張――社会関係資本と学力

5章　学力格差克服のための政策的努力

序章　「つながり格差」の発見

1　平成の全国学力テスト

1990年代後半、私は東京にいた。母校である東京大学の教育学部で、学校臨床学という新しい研究分野の助教授をしていた。いじめや不登校などの、学校を舞台として生じるさまざまな問題に対して、現場の教員とともに解決・改善の道筋を探っていこうというのが学校臨床学のコンセプトであった。その職場に私が着任したのが1996年、阪神大震災の翌年のこと。関西出身の私は、震災当時、大阪教育大学に勤務していた。自宅は兵庫県西宮市にあり、被災をしたが、ぎりぎりのところで命拾いをした私は、翌年東京に赴いたのであった。

21世紀を間近に控えた1999年に、いわゆる学力低下論争が勃発した。「分数ができない大学生」という、有名国立大学の理科系教員からの告発。そして、「学びからの逃走」という印象的な言葉で形容された、都市部の中学生、とりわけ女子中学生の学習離れ。その他にも、「ゆとり教育」が日本という国をダメにするという亡国論や、調査データをもとに学習意欲の階層差を指摘する社会学的議論など、論争は百家争鳴の観を呈した。折しも2000年にOECDが実施したPISA調査と呼ばれる、国際比較学力テストの結果が公表されるにいたって、学力問題に対する日本社会の関心はピークに達した。

そうしたさなかに、私は、同じ教育社会学の釜の飯を食べてきた、先輩にあたる耳塚寛明氏（お茶の水女子大）や苅谷剛彦氏（当時東京大学、現在はオックスフォード大学）と、学力実態調査に着手した。教育社会学にはデータをもとにして議論する（＝データにもとづかない議論をしてはいけない）という「鉄則」があり、学力低下を論じるには、たしかなデータをもつしかないと考えたからである。そしてその調査は、今日へとつながる、「学力格差の拡大」という重大なテーマを浮上させた（苅谷剛彦・志水宏吉『学力の社会学』岩波書店、2004年）。このテーマに関しては、本書で順次、具体的に論じていくことにする。

日本の子どもたちの学力は低下傾向にあると判断した文部科学省は、2003年以降、従来の「ゆとり教育」路線を軌道修正し、「確かな学力」向上路線をひた走ることになる。そして、それが頂点に達したのが、2007年に実現した全国学力・学習状況調査（以下、「全国学力テスト」と略）の導入である。

戦後日本の歴史のなかで、全国学力テストが実施されたのは、今回が初めてというわけではない。かつて、1950年代から60年代の半ばにかけて、年によって受験した学生や教科は異なるが、小・中・高校生を対象にした全国学力テストが実施された経緯がある。特に、1960年から64年にかけては、中学校において今日と同様の「悉皆《しっかい》調査」（全員が受ける調査）が実施された。その背景は、今日のものと同じである。戦後の教育改革によって子どもたちの学力が低下したのではないかという危機意識が、「昭和の全国学力テスト」の背景にあったのだ。

やがて昭和の全国学力テストは、教職員組合等の反対が強くなったために廃止されることになった。それから、40数年ののちに、平成の全国学力テストが実施されることになる。昭和のものとはうって変わって、平成のものはさしたる反対もなく実施されるにいたった。通常全国学力テストの導入は、国際的に見ても、全国的な競争の激化につながるとか、学校間・地域間の序列化をもたらすとかいった理由によって、反対・抗議の声にさらされることが多い。しかし、平成の日本では、そうではなかった。2007年5月のある日に、それぞれ100万人ずつを超える小学校6年生と中学校3年生の子どもたちが、全国学力テストを受験したのである。

2　衝撃的な調査結果

予定よりかなり遅れて、全国調査の結果が公表されたのが、その年の12月初旬のことであった。結果を心待ちにしていた私は、朝刊の一面を見て、大いに驚いた。ひとことで言って、衝撃的な結果であった。衝撃の中身は2つである。

まず、秋田県の成績がトップであったこと。僅差で福井県、そして富山県が続いていた。「なぜ秋田なのか?」、すべての人がそう思ったであろう。秋田県の首位を予想した人は、この日本に誰一人いなかったに違いない。一般の人たちはもちろんのこと、私たち専門家も全く予想していない結果であった。何よりも、秋田の人たち自身が信じられなかったようである。のちに秋田県教委を訪問した際に、学力担当の方から私は以下のような話を聞いた。すなわち、「初回の調査結果が出る前には、教育長以下、どうやって県民に謝るかの作文を考えていた。なぜなら、50年ほど前の全国テストでは、秋田の順位は最下位に近かったから。地道な努力・取り組みの結果として、少しは順位が上がっているだろうが、きびしい結果が出るに違いないと考えていた。それがトップ。間違いじゃないかと最初は思いましたよ」。笑い話のような本当の話だ。

次年度も同じようにトップクラスの成績をとった時点で、秋田の人たちはようやく「間違いない」という自信を持つことができたそうである。それ以来、秋田の小・中学校は、ある意味日本の学校現場をけん引する役割を果たしてくれていると言ってよい。秋田だけではない、福井や富山もふくめ、押しなべて日本海側の「いなか」が現代の全国テストで好成績をおさめるという結果が今日まで続いている。

2つめの驚きは、私のホームグラウンドである大阪府の結果が、著しく低かったことである。はっきりと言うなら、下から数えて「銀メダル」か「銅メダル」といった位置に沈んでいたのである。2003年に現在の職場である大阪大学に勤務するようになって以来、大阪の子どもたちの学力の「しんどさ」を感じてはいたので、きびしい結果が出てくるだろうとある程度の覚悟はしていたが、それにしてもこれほど芳しくない結果が出てくるとは予想していなかった。

この結果が出た直後に大阪府知事選が行われ、橋下徹氏が府知事に就任したことは皆さんご記憶であろう。橋下知事は、教育委員会や教師を文字通り罵倒しながら、独自の「学力向上」政策を採った。その甲斐あって？　か、小学校の結果は、その後上昇傾向にある。

しかしながら、中学校の成績は依然としてふるわない状況が続いている。教育社会学的視点から言うなら、中学校の成績を上げることは小学校の成績を上げることより、数倍困難である。いずれにしても大阪では、公立小・中学校に通う子どもたちの学力をいかに下支えするかという取り組みが、現場レベルで懸命になされている。

驚いているだけが能ではないので、教育研究者として私は、調査結果をより詳しく調べることにした。そして手始めに、都道府県別に見た場合の平成の結果を、昭和の結果と比べるという作業を行ってみた。そこで、ひとつの事実が見出された。それは、昭和（1964年）の結果と平成（2007年）の結果には大きな違いがあるということであった。言葉を換えるなら、昔と今とでは都道府県の順位に大きな変動が見られるということである。

図序－1をごらんいただきたい。これは、両方のテストの都道府県別の「平均点」を求め、座標軸上にプロットし、似た位置にある都道府県をグループ（＝クラスター）にまとめたものである。平均点は、以下のようにして単純に求めた。すなわち、昭和のテストであれば、「4つの教科（小6国語、小6算数、中3国語、中3数学）の数値を足して4で割る」、同様に平成のテストであれば、「8つ（小6国語AとB、以下同様）の数値を足して8で割る」。なお、図中には、現在の47の都道府県のうち、福岡県と沖縄県が含まれていない。福岡で

（図序－1）1964 年調査と 2007 年調査からみた都道府県の位置

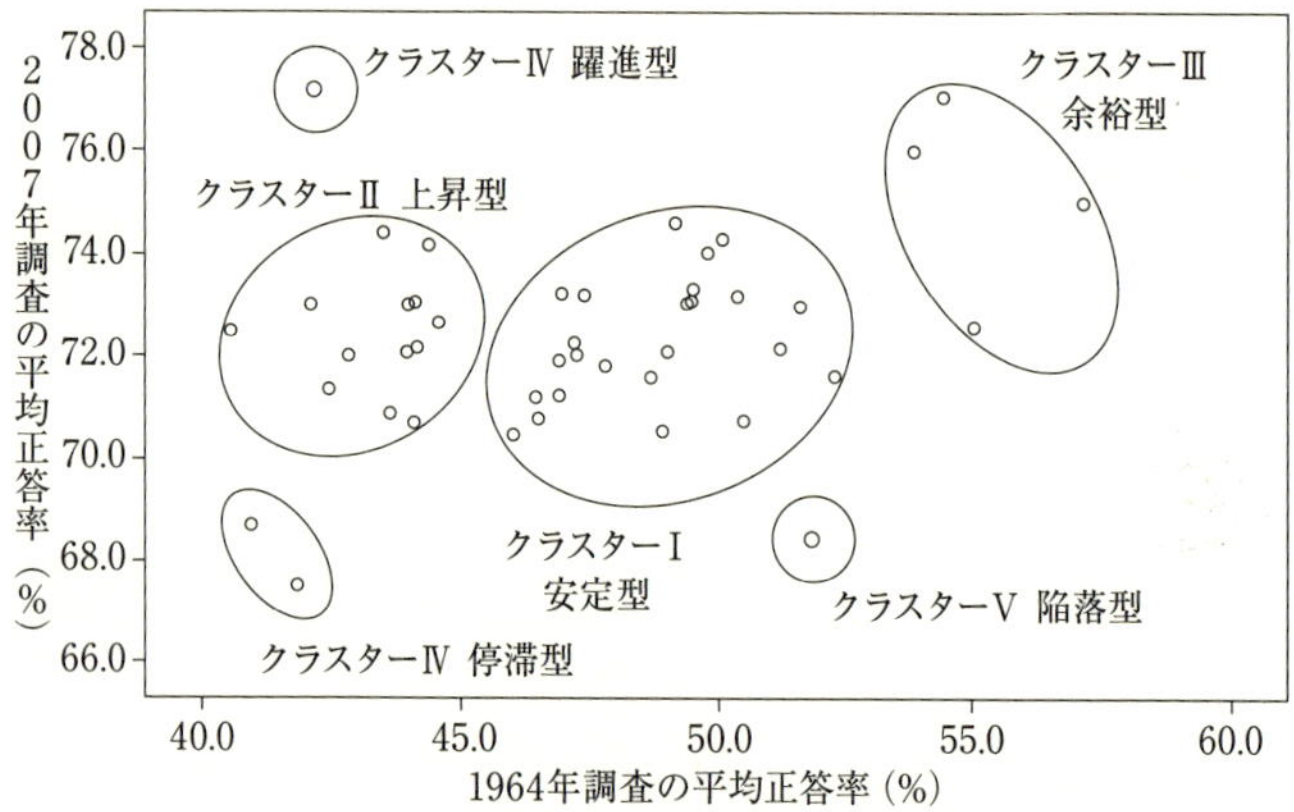

（出典）志水宏吉・高田一宏『学力政策の比較社会学【国内編】』明石書店、2012 年、32 頁

は、教職員組合の反対が激烈で、この年の調査が行われなかったとのことである。また沖縄は、この時期（1964年）まだ「本土」に返還されておらず、テストにエントリーさえさせてもらえなかった。

出てきたクラスターは、全部で6つであった。中央に来るのが、「昔も真ん中あたり、今も真ん中あたり」という安定グループであり、全体の約半数がこのグループに入る。その左に隣接する2番めに大きなクラスターが上昇型である。「かつては低位にあえいでいたが、今では中位に上昇している」グループである。特に注目すべきは、このクラスターに属する13県のうち、多くが東北と九州地方の県であるという事実である。さらに、その上方にある躍進型が、先にあげた秋田県である。秋田は、上昇型からさらに飛びぬけた存在と見ることができよう。上方右側の余裕型は、「昔も今も上位をキープしている」県である。福井・富山・香川・愛媛の4県がこのグループに入る。その対極に位置する停滞型の2自治体が、北海道と高知である。原因はよくわからないが、「今も昔も成績が低迷している」のがこの二者である。そして最後、かつての好位置から陥落してしまったのが、われらが大阪府である。

なぜ秋田を代表とするような「いなか」の県が躍進し、大都市大阪が陥落してしまったのか。それを調べるために、多変量解析というものを行った。都道府県別にさまざまな統計指標をとり、それらと学力とがどのくらい相関しているかを確認したうえで、どういった要因が子どもたちの学力にとりわけ関連が強いのかを見てみたのである。さまざまな統計指標とは、具体的には「総人口」や「老年人口割合」といった人口的要因、「消費支出」や「生活保護率」といった経済的要因、そして「児童生徒一人あたりの教育費」や「大学進学率」といった教育的要因の合計35項目である。

昭和のテストについて分析したところ、出てきた結果は、経済的諸要因が学力と密接にかかわっているというものであった。端的に言うなら、「豊かな地域の子どもの学力が高く、貧しいところの子どもたちの学力はふるわない」、よりシンプルに言うなら、「都会の子どもはできる、いなかの子どもはできない」という結果であった。当時の教育社会学者の論文を読むと、当時の学力格差は「都鄙《とひ》格差」に由来すると結論づけられていた。とてもわかりやすい議論である。都市といなかの生活環境の圧倒的な「格差」が、子どもたちの学力に圧倒的な影響を与えていたのである。

他方で平成のテストについて分析してみると、当然のことながら、経済的諸要因は一定程度子どもたちの学力と相関していた。しかしながら、それ以上に学力と高い関連をもつ現代的要因として、「離婚率」「持ち家率」「不登校率」という三者が浮かび上がってきた。これは、私たちにとっても、想定外と言ってよい結果であった。一体これは何を意味するのだろうと、私たち研究グループのメンバー一同、頭をひねった。

例えば、「生活保護率」などは、今も昔も子どもたちの学力との相関が高い。「大学進学率」なども同様である。しかし、上にあげた3つの要因は、昭和の頃にはあまり関連が見られなかったのに、現代では高い規定力をもつ要因としてクローズアップされてきたのである。パズルのようなものである。皆さんも、この結果をどう解釈すればよいか、しばらくお考えいただきたい。

3　学力格差の原因を求めて

私が思いついたのが、本書の主題である「つながり格差」仮説であった。詳しくは3章で述べるが、この仮説のエッセンスは以下である。すなわち、「離婚率の低さに示されるような家庭・家族と子どもとのつながり、持ち家率の高さにあらわれるような地域・近隣社会と子どものつながり、不登校率の低さに結びつくような学校・教師と子どもとのつながりが、それぞれに豊かな地域の子どもたちの学力は高い。それに対して、それらのつながりが脅かされている地域の子どもたちの学力は相対的に低い」

それを図に示したのが、次の図序－2である。

結果として、秋田や福井のような、伝統的なつながりが維持されている自治体の子どもたちの学力水準は概して高くなる一方で、いち早く都市化が進み、そのひずみやゆがみが相対的に顕著である大阪のような自治体で子どもたちの学力に多くの課題が見られるようになる。そのような関連性を「つながり格差」と命名したのである。

（図序－2）「つながり格差」の概念図

都道府県別に見た場合の……
「離婚率」の低さ　＝　家庭（家族）と子どもとのつながりの豊かさ
「持ち家率」の高さ　＝　地域（近隣社会）と子どもとのつながりの豊かさ
「不登校率」の低さ　＝　学校（教師）と子どもとのつながりの豊かさ

⇒つながりが豊かなところの子どもたちほど平均学力が高い！

次のような歴史的推移を思い浮かべていただければよいであろう。

まず昭和の時代。1964年とは、昭和39年。東京オリンピックが開催された年である。私はまだ5歳、オリンピックの思い出も薄ぼんやりとしかない。私は兵庫県西宮市に暮らしていた。家は祖父が小さな材木屋を経営しており、高度経済成長の波に乗り、結構羽振りがよかった。周囲や親族に大学に進学した者は見当たらなかったけれど、「阪神間」と呼ばれる教育熱心な地域に住んでいた私は、やがて大学進学を目指すようになる。周りには、中学受験する子も数は少ないがたしかにいた。塾に通う子も、少なからずいた。

母の郷里が宮崎県で、お盆などに時々帰省することがあった。大変困ったことが2つあった。ひとつは、トイレである。いなかの家にはトイレがなかった。家の外、田んぼの脇にあったのである。しかも、今で言うところの「ボットン便所」。夜などは、大変怖かった。一人で行けるものなどではない。夜中には、母を起こしてトイレに行ったものである。その頃西宮の自宅では、近隣の家に先駆けて、わが家のトイレは「水洗トイレ」になっていた。大きな違いである。

今一つは、テレビである。宮崎の家では、チャンネルは2つぐらいしか映らなかった。もちろん白黒である。しかも、画像がブレて、ちゃんと映ることは少なかった。映っても、好きなアニメの番組が1~2週間遅れて放映されるので、すでに見てしまった番組ということが多かった。早く西宮に帰りたいと思ったものである。西宮の家では、その頃に大型のカラーテレビがやってきた。脚がついた、開き戸のある立派なテレビである。子ども心にその到着を誇らしく思ったものである。

当時の宮崎県の高校・大学進学率は、兵庫や大阪といった都市部と比べると大きく下回っていた。多くの人が中卒あるいは高卒で、第一次産業がいまだ健在であった地元に職を求め、そして地元の人と結婚し、所帯をもったはずである。いわば、あくせく勉強して上級学校に通わなければならないという必然性が小さかったのである。勉強にそんなに身を入れて取り組まないでよい住民層が大部分だったはずだ。東北や九州の他県でも、事情は多かれ少なかれ同様だったに違いない。子どもたちの学力の「都鄙格差」は、そのような経緯で生じていた。

今の平成の世の中。事態は全く変わってしまった。トイレやテレビの地域格差など、全くない。それどころか、全国津々浦々にコンビニがあり、全国の小・中学生がケータイやスマホを使いこなすようになっている。かつて地域間で見られた生活環境や情報環境の違いは驚くほど均質化・画一化され、少なくとも便利さや快適さという次元で見るかぎり、問題視されるような「地域差」はなくなったと言いうる。

逆に、それとは異なる過程が同時に進行した。それは、人々のつながりの消失あるいは変質の過程である。これについては、多くを語る必要はないであろう。都市化にともなう伝統的な地縁・血縁関係の弱体化のみならず、バブル崩壊後の現代日本では、社縁（＝会社を通したつながり）や家族縁（＝家庭内のつながり）までもが揺らいできているという議論が盛んになされている。ホームレスや孤独死の問題は、現代に生きる私たちがかかえる深刻な社会問題である。

ポイントは、こうした問題がより深刻なのは都市部であるということだ。半世紀ほどの間に、都市部では人間関係のありようが劇的に変容しつつある。それに対して、農村部あるいは「いなか」では、そうした動向と無縁ではありえないが、変化は相対的にゆるやかであり、昔的なものが残存している度合いが高い。そのことが、小・中学生たちの学力形成にはポジティブに作用しているということなのである。

それは、具体的にはどういうことなのか。詳しいことは3章で展開するが、ここで繰り返し強調しておきたいことは、「人間関係のつながりが学力形成に積極的な役割を果たしうる」という、計量的分析を通じて私たちが見出した事実である。

個人的な話になる。以前にも書いた（『学力を育てる』岩波書店、2005年）が、荒れる公立中学から全寮制の私立高校を経由して東京大学に進学した私にとって最も大きかったのが、学歴はないけれど「自学」の習慣を有していた祖母や父親の存在であり、自分の潜在力を引き出してくれた教師や仲間との出会いであった。私は、家族から一度も「勉強しろ」と言われたことがない。にもかかわらずというか、それだからこそ、「勉強が好き」になったのではないか、と今思う。たしかな学力を育むのは、子どもたちの学習習慣や学習意欲を引き出す豊かな社会環境である。親が「教育熱心」だったらよいというものではない。「よい」学校や塾にさえ行けば何とかなるというものでもない。本書で私が論じたいのは、周囲の人たちとの良好な人間関係こそが、子どもたちの学力をたしかなものにする鍵であるという真実である。

4　社会的構成物としての学力

本論に入る前に、今少し学力というものに対する私の立場を明確にしておきたい。教育学あるいは教育心理学分野での議論になるが、「2つの学習観」という形で論じられるテーマがある。「ピアジェとヴィゴツキー」の話と言い換えることもできる（池田寛『学校再生の可能性』大阪大学出版会、2001年）。私なりの言葉で、その議論を簡単に振り返っておきたい。シンプルに言うなら、「伝統的な」学習観はピアジェから、「新しい」学習観はヴィゴツキーから来ており、個人中心の前者から社会関係重視の後者への切り替えが今日求められているという話である。

ピアジェ（スイス生まれ、1896～1980）とは、20世紀で最も有名な発達心理学者の一人である。彼は思考の発達を、「感覚運動期」（0～2歳）、「前操作期」（2～7歳）、「具体的操作期」（7～12歳）、「形式的操作期」（12歳以降）の4段階で把握したことでよく知られている。自分中心の見方・考え方をする幼児期から、具体的なものを媒介として考える児童期を経て、抽象的な思考を展開する青年・成人期にいたるとするピアジェの図式の影響力は圧倒的で、今日の学校教育の基本的な捉え方になっていると言っても過言ではない。学校の先生方が、「子どもたちの発達段階に応じて学習を組織していかなければならない」と言う時、ほぼ例外なく想定されているのがこのピアジェの発達段階である。

簡単に言うなら、ピアジェにとっての学習は、「個人の頭のなかで起こる」ことがらである。具体的思考から抽象的思考へ。冷静に論理的に物事を考えることができる個人が、ピアジェにとっての理想的な学習者である。その枠組みのなかでは、子どもたちは、「小さな大人」として振る舞うことを期待されていると言ってよい。「年齢のわりにしっかりしているね」という言い方がほめ言葉になるのは、そうした脈絡においてである。

それに対して、ロシアの心理学者ヴィゴツキー（1896～1934）は、ピアジェとは対照的に死後注目された人物で、思考や学習における他者との関係性に注目した。最もよく知られた概念が、「発達の最近接領域」というものである。これは、「一人ではできない（わからない）」が、「他者（＝教師や仲間）のサポートがあればできる（＝わかる）」という行為の水準ないしは領域のことである。ヴィゴツキーは、教育の極意を、一人ひとりの子どもの発達の最近接領域に適切に働きかけることにあると捉えた。

古い言葉に「啐啄《そったく》同期」という四字熟語がある。これは、鳥のひなが卵の内側をくちばしでつついて出ようとする時、親鳥がその場所を外側から同時につついて卵の殻を割ろうとすることを言うそうである。内と外の動きがうまくかみ合った時、ひなは卵の世界から抜け出ることができる。ヴィゴツキーの概念は、その機微にふれるものと位置づけることができよう。皆さんにも、心当たりがあるであろう。小さい時、父親に自転車をそっと押してもらうことによって補助輪なしの自転車に乗れるようになったとか、先生にそっとお尻を支えてもらうことで逆上がりのコツがわかったというようなことが。

少し説明が長くなったが、要するに、誤解を恐れずに言えば、ピアジェの学習観が「すぐれた個人がすぐれた学習者になる」というものであるのに対して、ヴィゴツキーの学習観は「身近な他者の的確なサポート・援助こそが、学習の成功の鍵になる」というものである。もちろん、両面ある。しかし私は、圧倒的に後者の学習観の方が好きである。経験上、そちらの方がストンと胸に落ちる。「つながり格差」という発想は、そうした背景のもとに生まれたアイディアである。

学力というと、まず個人の能力や資質に焦点があてられる傾向にある。「できる子・できない子」という見方である。私はそうした見方に反旗を翻したい。「できる・できない」は所与ではなく、環境との相互作用によって結果的にもたらされるものである。いわば、「できる子」「できない子」は社会的につくり出されるのである。

さらに言うなら、種々の学力テストの結果が公表された時、平均点の高い学校が「よい学校」、低い学校が「悪い学校」と見られることが一般的である。私は、それにも疑義を呈したい。平均点の高さは、その学校の「教育・授業の質の高さ」だけを意味するものでは決してない。それは、生徒たちの出身地域・家庭の「教育力の高さ」を含み込んだものであり、教師が特段何もしなくても、あるいはさぼっていても、平均点が高い学校はいくらでもありうるのである。ある学校の子どもたちの学力テストの成績は、「学校の力」と「地域・家庭の力」の総和としてもたらされる。地域や家庭に多くの課題が見られる時、学校・教師がどれだけがんばっても、なかなか成果に結びつかないことがままある。「つながり格差」が指摘しようとしているのは、そうした今日の学校がおかれた苦境であり、そうした現状を打開するための展望である。

1章　学力格差とはなにか

1　学力格差とはなにか

まず、「格差」について考えてみよう。

かつては「較差」という言葉もよく用いられていたという記憶がある。辞書を引いてみると、「較差」とは「あるものが最高である場合と最低である場合を比べたときの、ちがいの程度」、「格差」とは、「価格・資格・等級などの平均的な程度のちがい」を指すようである。「夏と冬での気温の較差」などと、今日では「較差」という語は主に気象用語として用いられるように思われる。それに対して、「格差」の方はもっと広範囲に用いられている言葉である。とりわけ「格差社会」という表現が定着した今日の日本では、「賃金の格差」や「貧富の格差」のみならず、「意欲の格差」や「自信の格差」など、さまざまな側面に「格差」の考え方が持ち込まれるようになってきている。学力についても、今日的文脈においては「格差」という語を採用する方が妥当であるし、何よりもその方が一般的である。

そこで、「学力格差」である。

まず明確にしておかなければならないのは、「格差」は「個人差」ではないということである。つまり、一人ひとりの子どもの学力が異なる時、それは「個人差」と呼ばれるべきものであり、それ自体が当たり前のことながら「格差」であるとはみなされない。Aくんとへくんとの間に学力格差があるとは言わないのである。では、どういう時にそう言うのか。「A組とB組との間に」、あるいは「秋田と大阪との間に」学力格差は存在する。冒頭に掲げた定義に「～平均的な程度のちがい」という表現があるように、学力格差とは「集団差」に言及する言葉なのである。単純なことであるが、このことはきわめて重要である。個々の「ちがい」自体は格差ではない。それが「集団的な平均の差」につながっている場合、それを通常「学力格差」と呼ぶ。

序章で見たように、戦後日本の歴史において、まず注目されたのが「都市部」と「農村部」との学力格差であった。また、アメリカの文脈においては、「白人」と「黒人」の間の学力格差が常に政策論議の焦点であり続けてきた。イギリスの文脈においては、それは「中産階級」と「労働者階級」との格差ということになる。都市でも農村でも「できる子」もいれば、「できない子」もいる。それは当たり前のことであり、それ自体は問題ではない。しかし、都市には「できる子」が多く、農村部ではそうではないとしたら、両者の平均点に何らかの「ちがい」が出てくる。それが一定程度以上になった時、それは「学力格差」と認識され、問題視されるようになるのである。

私自身の経験を振り返ってみよう。中学校に上がった時に、私の母校もふくめ、近隣の4つの小学校からその中学校に生徒が入ってきていた。私が通っていた学校をA小、それ以外の3つの小学校をB・C・D小としよう。その時、下町に位置するA小やB小の子どもたちに比べ、大企業の社宅が立ち並ぶD小から来た子どもたちのテストの点数が圧倒的に高いことに、12歳の私は気づいた。1学期の中間テスト後のことである。中学1年の私には事態はうまくのみ込めなかった。「D小の子らはやたらと勉強ができる。何でやねん……」。今から思えば、その時の私は、圧倒的な学力の階層間格差を見せつけられたのであった。しかも、D小の子どもたちのうちの学力上位層1割か2割は、中学に上がる段階で私学や国立中学に流れていたはずである。教育社会学者になった私にとって、この時の驚きは一つの強烈な原体験となっている。

では、そうした格差はなぜ問題なのであろうか。これについては、「問題だ」とする見方と「別段問題ではない」とする見方の2つがある、と言うことができる。2つの小学校の出身者の間に学力格差がかなりあるとして、ふつうの教師であれば、特段それを問題視しないのではないかと私は思う。それよりも、目の前には勉強が不得意な子どもが複数いるだろうから、一人ひとりにていねいにかかわって、彼らの学力を少しでも向上させようとするであろう。これが、一般的な考え方である。A小出身者とD小出身者との間にある学力格差は何らかの要因にもとづいているものであろうが、そのことは問題にせず、個々の子どもに個別に働きかけるやり方である。

それとは異なるやり方がある。関西の同和教育のなかで展開してきたやり方である。それは、「同和地区」の子どもたちと「地区外」の子どもたち（すなわちその他のすべての子ども）の間にはほぼ必ずかなりの学力格差があるという事実を受けて、前者により多くの教育リソースを注ぎ込もうとするやり方である。それはなぜか。「そこにある学力格差が、差別的な社会構造によってもたらされたものであり、適切な方法で是正に努めることが必要だ」と判断されたからである。これは、アメリカにおける黒人問題のなかで育まれてきたアファーマティブ・アクション（＝差別撤廃のための積極的措置）の考え方と実質的に同一のものと考えていただいてよい。

実は、私の通った中学校の先生方は、放課後定期的にC小の校区にある集会所に出向いてC小出身の中学生たちに勉強を教えていた。なぜなら、C小はまさに同和地区を有する学校だったからである。中学生であった当時の私にはそのことは見えなかった。しかし、1970年代前半はまさに同和教育の勃興期であり、類似の教育実践が関西一円で広まりつつあったはずである。そして私は、その渦中にいたことになる。

整理するなら、学力格差は、それ自体問題視されない場合と、是正の対象とされる場合があるということである。その判断に関する普遍的・絶対的な基準といったものは存在しないだろう。それは、特定の歴史・社会的な文脈のもとで、実践的になされる類いのものである。

学力格差を是正すべきだという判断のもとになる価値観は、社会的平等（social equality）や公正（equity）を重視する立場からくる。伝統的に、私が専門とする教育社会学は、そうした価値を大切にしてきた。その背景には、次のようなロジックがある。話を学力に限定して考えてみよう。

大前提は、人々の「知能」は、集団や階層に左右されるものではないというものである。より明確に言うなら、特定の集団に属する人々の知的資質は、どの集団でも同じように分布していると考えるのである。平たく言うなら、黒人でも白人でも（そして、地区生徒でも地区外の生徒でも）、知的には同じものをもっており、あるタイプの遺伝学者が主張するような「知能の人種差（集団差）」といったものはありえないとする立場である。「生まれつきの差」がないにもかかわらず、パフォーマンス（学力）に格差が生じるのは、ひとえに社会環境のせいだ、端的に言うなら、社会の構造・仕組みや人々の関係性のあり様が結果として学力格差を生んでいるのだ、と私たちは考える。皆さんはこのような考えを、どのようにお感じになるだろうか。

白人と黒人との間には遺伝的な違いがあって、それが例えばプロバスケやアメフトの選手の出現率に影響を与えていると、ふつうの人は思う。実は私も、そういう側面が全くないとは言い切れる自信はない。しかしながら、こと学力面に関して、「黒人は白人ほどかしこくないので、成績面での格差があるのは当たり前」という意見には、ちょっと待ってくれと言いたくなる。少なくとも、事情をよく知る日本の国内で、大阪の子どもたちの学力が秋田ほどふるわないのは、大阪の子どもたちの知的資質が秋田より劣っているからではないと断言できる。「つながり格差」で指摘するような環境的要因が、子どもの学びのプロセスに異なる影響を与えているに違いないのである。

学力格差という言葉を形づくっているもうひとつの単語――「学力」――についても若干の考察を行っておこう。学力とは、辞書的に言えば「勉強して身についた知識や能力」ということになるが、まず指摘しておきたいことは、「学力はひとつではない」、あるいは「現代の主流をなす学力も絶対的なものではない」ということである。

アテネとスパルタの例を持ち出すまでもなく、社会によって市民に要求される力は大きく異なることがある。学校という場所は、文字の読み書きに習熟することを目的に歴史的に発展してきたという経緯があり、今日の学校・大学は、ピアジェ的な抽象的・論理的思考に熟達した大人を育てることを第一の使命としている。いずれにしても、基本的に今日の社会が求めているのは、スパルタ的な兵士ではない。

今日の学校世界が定義づける望ましい「学力」は、当然ながら学校で実際に伝達されるカリキュラムの偏りを生んでいる。よいか悪いかは別として、現代の日本では、依然として座学による詰め込み教育が幅を利かせている。刻苦勉励して生徒たちが身につけた学力は、最終的に大学入試によって判定される。一芸入試や推薦入試が花盛りの今日であるが、それが多く取り入れられているのは、中ランク以下の大学においてである。難易度の高い大学では、ほとんど数十年前と変わらない、偏差値で1ポイントを争う苛烈な受験競争がいまだ続いている。

私はこれまで多くの小学校の先生方と接してきたが、彼らの証言を総合すると、高学年で学習する「速さ」の概念を獲得できる子は、多く見積もって半分がよいところだと言う。もちろん、本当のところの原理は把握していないが、とりあえずの計算はできる子がマジョリティーを占めるだろう。しかしながら、クラスのなかには、速さの計算すらできない子どもも必ずと言っていいほど出てくる。小学校高学年から一挙に抽象化していく学校学習をマスターしていくことは、高く急峻な山に登ることに似ていると私は思う。頂上を極めることができる子どもは、ほんのひと握りである。

私はかつて東京大学に勤務したことがある、と先に述べた。東大の学生たちは、よくでき、かつ性格的にも素直な子が多かった。一般的な意味において、「育ちがよい」からであろう。ただし、一点だけ気になったのは、「自分とは異なる立場をもつ他者」についての共感性に乏しいと感じる場面がしばしばあったことである。例えば、私自身は特に中学校時代にヤンチャな仲間とつきあうことがあったが、東大生たちはそうした経験がないか少ないために、逸脱的な行動をとる同年代の若者たちに対して冷ややかな態度をとることが多かったように記憶する。高い山を極めるためには、諦めなければならないことも出てくる。ふつうであれば経験できることも、経験せずに終わることもままあるだろう。ある意味、仕方のないことではある。

だから、東大生はダメだと言いたいわけではない。受験競争が無邪気で危険なエリートをつくり出すと主張したいわけでもない。むしろ、逆である。やはり私は、不十分な部分はあることを認めながら、彼らが獲得した高い学力は尊重したい。教育界の一部にあるような、点数学力を否定するような議論には与したくない。彼らが言うように、世の中に、「よい学力」と「悪い学力」といったものがあるわけではない。現状の学校制度が産出しようとしている学力にはある種の偏りがあることはたしかであるが、その学力は、人々が現代社会を生き抜くうえではなくてはならないものである。高い学力を獲得した人は、やはりリーダーとして社会を引っ張っていく責任がある。

問題は、今の学力をスクラップしてしまうことではなく、それをうまく使いこなすような心や志といったものをも、学校教育のなかで子どもや若者にどうあわせ育んでいくかを構想していくことである。

2　学力格差の歴史

次に、日本国内で学力格差の問題がどのように扱われてきたかを、簡単に振り返っておくことにしよう。

まず戦前の状況についてだが、私の推測では、戦前期には今日的な意味での学力格差問題は存在しなかったのだろうと思う。なぜなら、戦前の日本では、中等教育ですら大衆化していなかったからである。わかりやすく言うなら、当時は限られた、豊かな層だけが旧制中学や高等女学校等の中等教育機関、および大学や実業学校等の高等教育機関に進学できたのである。生まれ落ちた境遇や階層的背景によって、「学校に行ける層」と「学校に行けない層」の境目ははっきりしていた。そこには、教育社会学の用語で言うところの「教育達成」（educational achievements）の階層差・集団差が客観的に見て厳然と存在してはいただろうが、それは「学力格差」とはみなされていなかったはずである。「学力格差」とは、同様のパフォーマンスを収めるべき（収めることが望ましい）人々の間にある「格差」に言及する言葉だからである。具体的には、「A地域の人々とB地域の人々の間には学力格差がある」とは言うだろうが、「士族の子どもたちと平民の子どもたちの間に学力格差がある」とはあまり表現しないだろうということである。

戦後の民主化によって、その状況は一変する。まず、従来の複線型の学校体系がアメリカ型の単線的なそれへと改変された。複線型の学校体系とは、歴史の古いヨーロッパなどによく見られたもので、10代の前半で、身分や階層によって異なる進路（学校のタイプや進学・就職の別）が設定されている学校体系のことである。それに対して単線型とは、現在の小学校・中学校・高校・大学からなる日本の学校制度のように、学力と進学意欲さえあればずっと上に登っていけるような学校体系のことである（家庭の経済力が実質的な障壁として作用する場合もなくはないのだが）。いずれにしても、戦後の日本ではこうしたシステムが採用された結果、戦後の復興のプロセスのなかで、中等教育・高等教育進学率は右肩上がりに上昇し続けた。「上級学校に進学することが望ましい」という価値観が社会に広がり始めたのである。

私の手元に一冊の本がある。1954年に日本教育学会の学力調査委員会が作成した『中學校生徒の基礎學力』という600頁近くもある分厚い本である。新制の学校制度が立ち上がったのは1948年（高校の発足は1949年）のことであるから、それから何年も経たない段階で子どもたちの学力が問題視されていたことになる。端的に言うなら、「戦後新教育のもとで子どもたちの学力はどのような状況になっているのか。低下してしまっているのではないか」というのが調査委員会の問題意識であった。

精密な調査プランにもとづいて行われた、学会が主体となった学力調査の結果の分析は大変読み応えのあるものとなっているが、そこで行われている格差の分析は、まず「男女差」、そして「地域差・地方差」、最後に「学校差」の問題が扱われている。そのなかでは「男女差」について、今日とは異なる状況、すなわち「女子は男子に劣っている一般傾向」（同前書、353頁）というものが指摘されているのが興味深い。今日では教科にもよるが、小・中学生では、女子の方が男子より成績がよくなる傾向にあるというのが通例だからである。戦後60数年の歴史のなかで、女性の社会的地位が相対的に向上したことが、男女の逆転現象の背景にあると考えて間違いなかろう。

さて本書では、まとめの部分で、子どもたちの学力形成に影響を与える要因として、以下の諸要因が仮説的に提示されている（同前書、487頁）。

「地域」因子　　：「所在地の地域層」「経済状態」「父母の知的水準」「方言」
「学校」因子　　：「学校の規模」「併設・分校など」「経費」「施設・設備」
「教育活動」因子：「職員」「教育方法」「教科外活動」「伝統または校風」
その他　　　　　：「進学率」

若干の注釈をつけておこう。「所在地の地域層」とは、その学校がどのような地域に立地しているかにかかわる要因で、具体的には「都層」「市層」「郡Ⅰ層」「郡Ⅱ層」に分けられている。今日的に言い換えるなら、「大都市圏」「市部」「郡部」といった分け方である。また、上記に掲げた諸要因のうち、「方言」と「併設・分校など」の2つについては、学力にマイナスの影響を与えがちであるという指摘がなされている。子どもたちの方言が目立つ場合、あるいはその学校が併設校であったり、分校であったりする場合、学力的にはきびしくなりがちであるという指摘がなされている。いずれにしても、トータルすると、

（表１－１）地域類型別の平均点（中学生3年生・1959年）

国語			数学		
順位	地域類型	平均点	順位	地域類型	平均点
		点			点
1	住宅地域	66.7	1	住宅地域	51.5
2	商工業地域	64.8	2	商工業地域	49.5
3	商業地域	63.6	3	商業地域	49.0
4	市街地域	63.0	4	市街地域	48.3
5	工(鉱)業地域	62.3	5	工(鉱)業地域	39.7
6	鉱業地域	59.2	6	鉱業地域	38.4
7	農業地域	55.0	7	農業地域	38.1
8	山村地域	53.4	8	山村地域	34.8
9	漁業地域	52.1	9	漁業地域	32.0
	全国	60.3		全国	44.4

（出典）『全国学力調査報告書 国語・数学－昭和34年度』文部省、1960年、31頁

経済的・文化的に豊かな都市部の学校の子どもたちの学力がすぐれているという当時の傾向を物語る項目の配列となっていることが知れよう。逆に言うなら、戦後すぐのこの段階では、当たり前のことであるかもしれないが、教育環境・教育条件が整備されていないほど、子どもたちの学力の状況には課題が多くなるという整理がなされている。

序章でもふれたが、学力の地域間格差（＝「都鄙《とひ》格差」）の問題が大きくクローズアップされたのが、1950年代後半から60年代半ばにかけて実施された昭和の全国学力テストの時期（1956～1966）であった。表1－1をごらんいただきたい。これは、1959年に実施された調査の結

果を、地域類型別にみたものである。中学校の国語と数学の両方において、地域類型別の得点差はかなり大きなものとなっている。特に数学においては、「住宅地域」と「漁業地域」とでは20点ほどの格差が生じていることがわかる。

次に表1－2をごらんいただきたい。これは、1961年に初めて実施された、悉皆方式による中学生の全国学力テストの都道府県別の平均得点分布をまとめたものである。いずれの教科においても、上位県と下位県との間には、今日では考えられないほどの大きな格差があることがわかる。例えば国語では、その格差は22点ほどに

（表１－２）平均点数別にみた都道府県の分布

（中学校３年生・1961年）

点数階級	第３学年				
	国語	社会	数学	理科	英語
点　点	県	県	県	県	県
72.0～73.9	—	—	—	—	—
70.0～71.9	—	—	—	—	3
68.0～69.9	1	—	—	—	6
66.0～67.9	1	—	—	—	10
64.0～65.9	1	—	2	—	5
62.0～63.9	6	—	5	—	9
60.0～61.9	10	1	4	—	7
58.0～59.9	8	3	8	3	1
56.0～57.9	5	7	3	5	1
54.0～55.9	8	6	6	7	1
52.0～53.9	5	7	3	7	2
50.0～51.9	—	7	7	8	1
48.0～49.9	—	10	4	8	—
46.0～47.9	1	2	1	5	—
44.0～45.9	—	2	2	1	—
42.0～43.9	—	1	1	2	—
計	46	46	46	46	46

（出典）『全国学力調査報告書昭和36年度』文部省、1962年、29頁

達しており、最上位県の平均点は最下位の平均点の約1・5倍にもなっている。他の教科においても、状況は似たりよったりである。

ここで注目したいのは、表1－1よりも表1－2の格差の方が大きくなっているという事実である。すなわち当時は、地域類型別よりもむしろ、都道府県別に見た場合の方が、学力格差が顕著だったということである。文部省の報告書は、次のように述べる。

「これらの各都道府県の得点のひらきは、いずれも地域類型別にみた児童・生徒の平均点の最高・最低のひらきとひとしいか、または、はるかに上回るものとなっている。このような差は、一般的にいえば都道府県間の立地条件にも相当の相違があり、その経済力、文化度等に大きなひらきがあることが原因であろうが、教育行政上今後検討すべき問題も多分に残されていると考えられる」（文部省『全国学力調査報告書』1960年、43～44頁）。

同様に、この点に関して当時の研究者は、次のような興味深い指摘を行っている。

「ある県においては、それらの住宅市街、商業市街、農村、山村のうち得点の高いところを集め、他のある県においては得点の低いところを集めている、ということになるであろ

（図１－１）都道府県格差と地域格差

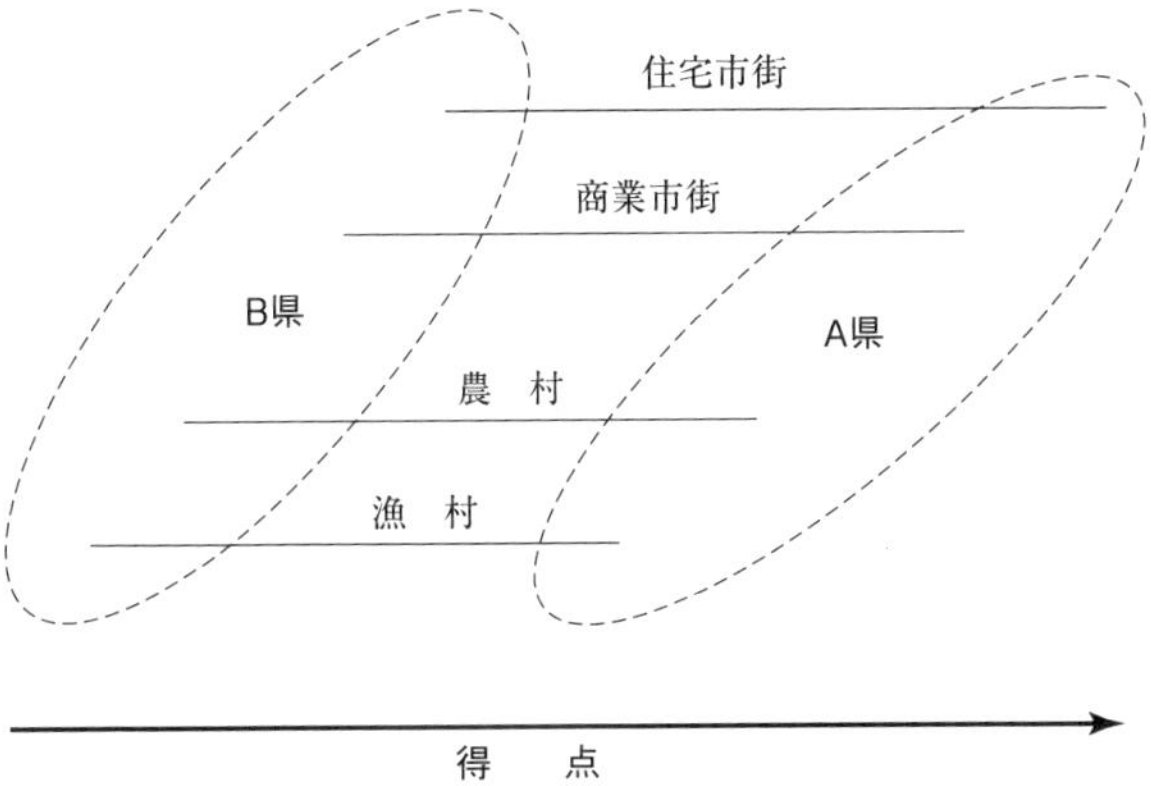

（出典）黒田、1962年、25頁

う。つまり、都道府県という行政区画が、人口集中度とそこに学ぶ児童・生徒およびそれを取り巻く家族の範囲での教育の問題ではなく、政治・経済機構の問題になっていることを示していると言ってよいと思う」（黒田孝郎「学力の格差と教育的環境」、日本教育学会『教育学研究』第29巻第2号、1962年、25頁）

そして、図1－1が提示される。この図の意味するところは、以下である。すなわち、同じ「住宅市街」でも「農村」でも、（都市化の進んだ）A県での方が、（そうではない）B県よりも学力が高いという傾向がこの当時はあったということである。これは決して偶然ではない。上の指摘にあるように、これは政治・経済のあり方に由来する問題なのであり、文部省が言うように、教育行政の努力によって是正が目指されてしかるべき課題であった。

苅谷剛彦（『教育と平等』中公新書、２００９年）が鋭く指摘するように、そうした戦後教育界の格差状況は、学級数を基本として教員数や他の教育予算を配分する「標準法」の厳密な適用という手段を通して、その是正が長期にわたって目指されてきた（＝面の平等）。その成果もあってであろう、今日では当時の地域間格差の状況は雲散霧消したかの観がある。表１－３を見ていただきたい。

（表１－３）地域類型別にみた平均点

（中学校3年生・2008年）

	国語A	国語B	数学A	数学B
大都市	73.6	61.3	63.5	49.6
中核市	74.0	60.8	64.1	49.8
その他の市	73.5	60.6	62.8	48.9
町村	73.4	60.3	61.8	48.3
へき地	73.1	60.4	59.6	46.6
全国(公立)	73.6	60.8	63.1	49.3

（出典）公表されたデータから筆者が作成

２００８年の、平成の全国学力テストの結果を見ると、地域類型別の得点差はほとんど跡形もなくなってしまっている。特に、国語Ａについては得点差が全く消えてしまっている。驚くべき変化である。序章で指摘した、秋田をトップとするような現代の都道府県別の学力格差も、半世紀ほど前のそれと比べれば「大したものではない」という評価も十分可能である。平均点の少しの違いや順位の細かな変動に踊らされないというスタンスが大切であるように思われるのである。

１９７０年〜90年代にかけて、私が記憶するかぎり、学力格差が社会的に問題視されることはほとんどなかった。高度成長を遂げたあと、「国民総中流化」が言われ、日本国民はおおむね平和で、経済的に恵まれた生活を送ることができた。今日のように、さまざまな格差の問題が大っぴらに議論されるということはなかった。そうしたなかで、唯一の例外と言ってよいのが、「同和地区の子どもたちの低学力問題」であった。

エポックメーキングとなったのは、１９８７年に刊行された池田寛の論文である（池田寛「日本社会のマイノリティと教育の不平等」、日本教育社会学会『教育社会学研究』第42集、１９８７年）。この論文のなかで、池田は当時関西で蓄積されはじめていた同和地区児童生徒の学力実態調査の結果を包括的に紹介し、アメリカのマイノリティ研究の理論枠組みにもとづいた整理・検討を行った。

氏が見出したのは、次のような事実であった。すなわち、同和地区と地区外の高校進学率の格差は、同和対策が進展した１９７０年代に大きく縮まったものの、それ以降は一定の格差が持続している。全国と大阪府について、その状況を見たものが図１－２である。

氏は、次のように推論する。同和対策によって地区・地区外の経済的格差が劇的に縮小したために、高校進学率の格差状況は改善されたが、両地区の文化的格差を縮めるにはず

（図１－２）高校進学率の変化

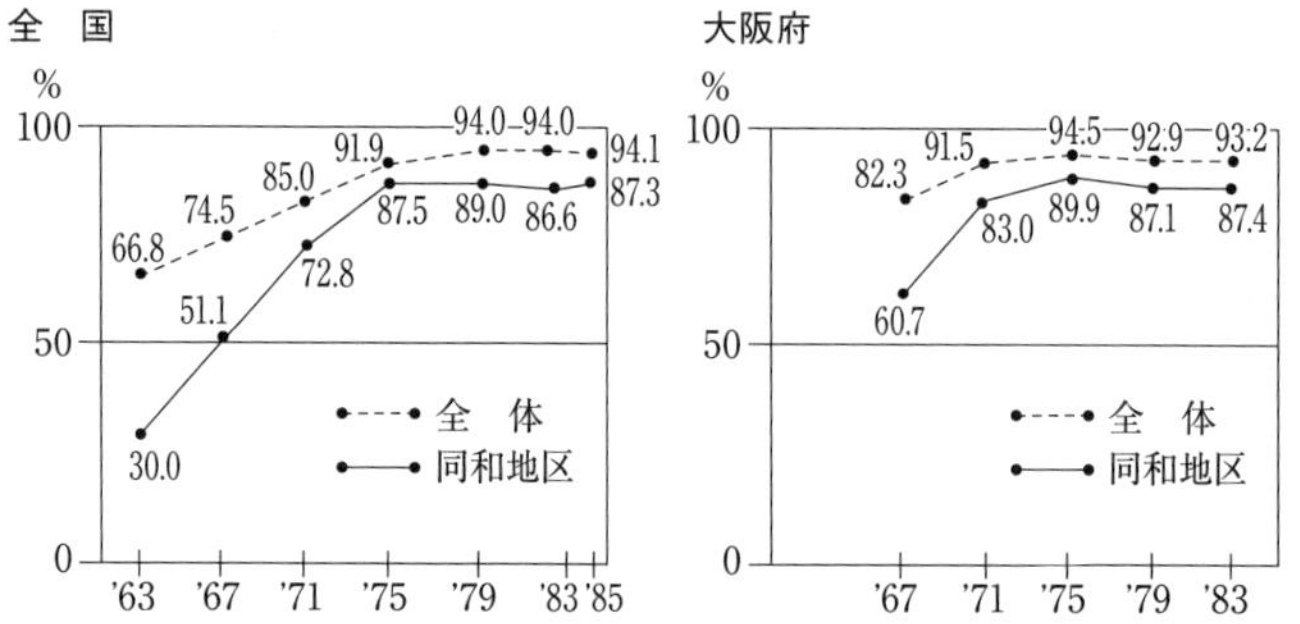

（出典）池田、1987年、54頁

っと長い時間がかかるために、一定の格差が頑強に続いているのではないか。同和対策によって、まず住宅や道路がきれいになり、そして多くの人々が定職を得ることができた。しかしながら、長らく差別・貧困に苦しんできた同和地区の人たちは、ホワイトカラー層のように子どもたちをしつけたり、教育したりすることが上手ではない。すなわち、子どもはかわいいには違いないのだが、どのようにすれば彼らの学力を高めることができるのかがよくわからないのである。その結果、彼らの高校および大学進学率は、一般の数値と比べると大きく見劣りするものとなる。そうした状況は、２０１０年代の今日にいたるまで、基本的には大きく変わっていないように思える。

　地区・地区外の学力格差を導いているものは何か。次章で詳しく述べるが、欧米の研究を参考にしながら、これまでいくつかの要因が指摘されてきた。まずは、家庭で使用される言語の違いである。バーンステインの「言語コード論」が参照され、同和地区の子どもたちは、イギリスの労働者階級の子どもが使う「限定コード」には習熟しているが、中産階級が習熟している「精密コード」の使用が不得意であるという仮説が提示された。次に、フランスのP・ブルデューの「文化資本論」が参照されることもあった。上記の池田の説明は、この系統に立っている。また、地区の子どもたちの自尊感情の低さが、学力の低さに関連しているのではという仮説が提出され、教育現場において多くの支持を集めることになった。さらに、アメリカのJ・オグブの理論にしたがって、「コミュニティの力」や「(よき)ロールモデルの不在」が学力の向上を妨げる要因として指摘されることもあった。どれも真実の一面に光を当てているには違いない。

同和地区の学力格差問題については、1990年代以降、事態は再び悪化しているという認識が一般的である（高田一宏「同和地区における低学力問題」、日本教育学会『教育学研究』、第75集第2巻、2008年）。都市部の同和地区では、経済的に成功した層が地区外に出ていき、困窮層が外から入ってくるという一般的傾向があるため、いつまで経っても同和地区の経済的状況はその外側に比べると剥奪された状態にあるというのが通例である。格差社会の進行にしたがって、内外の格差はさらに進行していると見るのが妥当である。その格差が、子どもたちの暮らしを直撃し、一般地区との学力格差をより際立たせる結果となっている。

これまで見てきたように、戦後の日本では、学力格差の問題は、高度経済成長前期における「都鄙格差」にかかわる文脈で、そして1970年代以降の「同和地区の子どもたちの低学力」にかかわる文脈で主として問題にされてきた。というか、それらを除けば、大きな社会問題とは考えられて来なかったのである。それは後に見る諸外国の状況と比較すると、きわめて日本的な特徴と言わねばならない。すなわち、よその国ではふつう大きな問題だとみなされる集団間（階層別、エスニックグループ別、男女別など）の学力格差が、さほどの問題とはみなされてこなかったのである。日本社会の相対的な平等性を物語るエピソードと見ることができるだろう。

そうした状況を打ち破るように、1999年に勃発したのが、いわゆる「学力低下論争」である。それについては、すでに序章冒頭でふれた通りである。それ以降、日本の教育界は、今日へと続く「学力の時代」に突入することになる。

3　学力格差の現状

私たちは、2001年度に実施した学力実態調査（「東大関西調査」）の結果にもとづいて、「学力低下の実態は学力格差の拡大である」という主張を展開した（前掲『学力の社会学』）。その中身について、簡単に振り返っておきたい。

まず、表1－4をごらんいただきたい。

（表1－4）平均点の比較
（小学校5年生と中学校2年生）

	89年	01年	変化
「小国」	78.9	70.9	－8.0
「小算」	80.6	68.3	－12.3
「中国」	71.4	67.0	－4.4
「中数」	69.6	63.9	－5.7

（出典）苅谷剛彦他『調査報告「学力低下」の実態』岩波ブックレット、2002年、14頁

これは、2001年に実施されたその調査における各教科の平均点（対象学年は小学校5年生と中学校2年生）を1989年調査のそれと単純に比較したものである。いずれの教科のテストにおいても平均点は低下している。特に、小学校算数の落ち込みが顕著（－12・3ポイント）である。テスト問題を見ると、いずれも基礎的・基本的な問題で、現に1989年の小5の子どもたちは80点以上（80・6点）の平均点をとっていた。それが2001年には、70点を割り込む結果（68・3点）となってしまったのである。この結果を見て、「やはり子どもたちの学力は、『ゆとり教育』が推進された1990年代を通じて低下したと言わざるをえない」と、当初私たちは考えた。

しかし、次の図1－3で示した中学校数学の得点分布を出

してみたとき、私は「胸騒ぎ」にも似た感覚をおぼえた。斜線で示したように、高得点層（60点台以上）に偏っている89年の分布と異なり、01年の子どもたちの得点分布は、「2こぶ化」の傾向を示していたのである。「子どもたちの学力低下は、子どもたち全体の点数が低下したからではなく、得点の二極化（できる層とできない層の分化）が進むことによってもたらされているのではないか」、その時私はそう思った。はたして、私のその推論は誤りではなかった。さまざまな分析を行った結果、「学力低下は、実際には学力格差の拡大によってもたらされている」という事実が明らかになったのである。

（図1－3）中学校数学の得点分布の変化

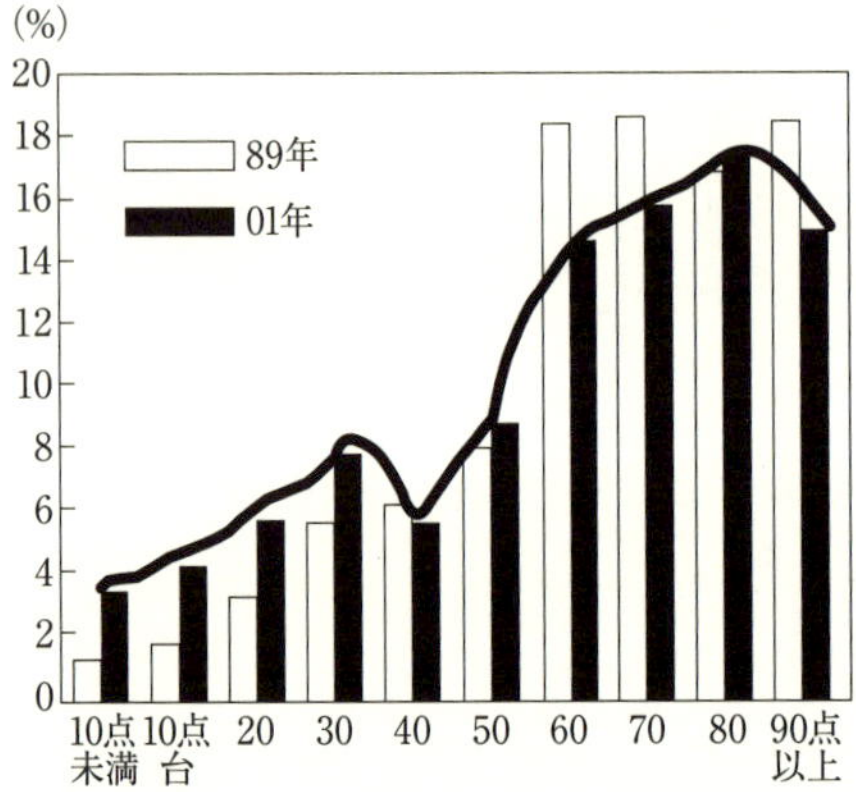

（出典）苅谷他、前掲書、16頁

　その状況を示唆する結果が、次の表1－5である。私たちは、学力の階層間格差の拡大というテーマをデータ面から検証するために、「文化的階層」というカテゴリーをつくった。そもそも私たちが準拠している教育社会学の分野では、保護者の「職業」や「学歴」や「収入」を

（表１－５）学習意欲・学習行動・学力（文化的階層別）

			小学校			中学校		
			上位	中位	下位	上位	中位	下位
学習意欲	家庭での勉強の仕方	出された宿題はきちんとやる	93.2	90.5	82.2	71.1	67.2	55.9
		授業で習ったことについて自分で詳しく調べる	30.6	21.4	14.2	19.3	15.0	8.0
		嫌いな科目の勉強でも頑張ってやる	74.1	69.4	54.0	55.2	45.7	34.0
		家の人に言われなくても自分から進んで勉強する	60.3	53.1	41.5	42.9	32.1	24.5
	受けたい授業	教科書や黒板を使って先生が教えてくれる授業	83.2	76.9	67.7	83.5	79.3	71.0
		ドリルや小テストをする授業	57.9	48.1	35.6	47.6	39.4	31.1
		自分たちで調べる授業	57.6	43.0	32.6	52.9	45.3	32.1
		自分たちの教えを発表したり意見を言いあう授業	59.1	43.9	38.0	41.6	29.1	24.1
	成績観	勉強はおもしろい	55.9	39.8	33.2	35.3	25.1	15.8
		成績は下がっても気にならない	41.2	44.5	50.4	23.9	27.2	35.7
		勉強は将来役に立つ	86.2	78.3	69.7	77.1	62.3	57.0
		人よりいい成績をとりたいと思う	69.4	65.6	64.7	81.4	77.5	63.8
学習行動	家庭学習	「しない」	11.8	16.9	19.9	31.4	42.9	57.5
	読書（漫画・雑誌を除く）	「しない」	31.2	44.2	59.9	43.1	60.7	67.9
	勉強日数（週あたり）	「ほぼ毎日」+「週4,5日」する	65.3	65.0	58.2	36.7	28.6	18.4
		「ほとんどしない」	11.5	16.6	27.0	26.9	38.6	56.8
	家庭での学習時間（平均時間）		51.2分	38.8分	35.3分	38.9分	27.3分	20.7分
	読書時間（平均時間）		40.2分	25.8分	19.9分	36.8分	24.5分	19.2分
	学校の宿題（家庭での勉強内容）	「しない」	0.9	1.5	3.9	21.0	31.6	41.7
	学校の復習（家庭での勉強内容）	「しない」	36.2	45.1	59.3	46.7	57.8	70.0
	学校の予習（家庭での勉強内容）	「しない」	51.2	59.1	68.5	64.8	69.8	81.1
	「先生が黒板に書いたことはしっかりノートにとる」（授業中の態度）	「とても」	47.4	42.4	32.0	70.6	63.6	52.1
		「まあ」	43.8	46.0	48.7	23.4	28.9	35.4
		「とても」+「まあ」の合計	91.2	88.4	80.7	94.0	92.5	87.5
	「授業でわからないことを後で先生に質問する」（授業への取り組み）	「とても」	13.5	8.3	8.3	14.1	9.9	6.6
		「まあ」	28.5	26.4	19.9	26.6	21.4	20.8
		「とても」+「まあ」の合計	42.0	34.7	28.2	40.7	31.3	27.4
	「テストで間違えた問題はしっかりとやり直す」（授業への取り組み）	「とても」	38.5	30.6	27.9	13.9	8.7	5.4
		「まあ」	35.0	35.6	34.7	31.1	26.1	18.6
		「とても」+「まあ」の合計	73.5	66.2	62.6	45.0	34.8	24.0
学習の成果	学力テスト（2教科合計得点の平均点）		147点	145点	132点	140点	134点	117点
	算数・数学のテスト（平気点）		75点	74点	67点	69点	65点	55点
	国語のテスト（平均点）		72点	71点	65点	71点	69点	62点

「学習意欲」数値は「とても」または「まあ」と答えた者の割合。平均時間と平均点以外の単位は%

（出典）苅谷他、前掲書、44 － 45頁

もって階層の指標が設定されるのが一般的である。欧米では、そうした「職業階層」や「収入階層」別の学力格差データがふんだんに蓄積され、教育政策の適否を問う統計的分析にひんぱんに用いられる。しかしながら、戦後の日本の教育界では、そうした階層別の学力データを収集・蓄積することは長らくタブー視されてきた。前節で述べた、関西における同和地区の子どもたちをめぐる問題を除いては。

日本の教育界では、階層や社会集団といったフィルターを通して子どもを見ることは、「差別」「選別」につながるという理由で一般的に忌避されてきた。端的に言うなら、教育社会学的なデータをとることが実質的にできなかったのである。

そこで、2001年調査を行った際に、私たちは「職業階層」「学歴階層」「収入階層」といったものの代替指標として「文化的階層」というものを設定した。これは、子どもたちの家庭の文化的環境の高さを指標化したものである。具体的には、「家の人はテレビでニュース番組を見る」「家の人が手づくりのお菓子を作ってくれる」「小さいとき、家の人に絵本を読んでもらった」「家の人に博物館や美術館に連れていってもらったことがある」「家にコンピューターがある」という5つの質問項目への回答をもとに、文化階層「上位」「中位」「下位」という3つのグループを設定した。それぞれのグループには、調査対象の子どもたちが約3分の1ずつ入るようにした。

最下段にある「学習の成果」（＝テストの点数）欄の結果を見ると、小学校においても中学校においても、数値がきれいに上位＞中位＞下位と並んでいることがわかる。特にその傾向は中学校数学に顕著である（上位69点＞中位65点＞下位55点）。その他の、「学習意欲」や「学習行動」にかかわる項目を見ても、その傾向は共通している。すなわち、いずれの項目についても文化階層が高ければ高いほど、数値の出方が良好なものとなっているのである。そして全体的に見るならば、上位・中位と下位との間に、大きな「断裂」があることが見てとれる。つまり、文化階層で下位3分の1に入る子どもたちの学習状況がかなりきびしいものになっている、という実態が明らかになったのである。「学力の2こぶラクダ」を考えると、得点の高い方の大きなこぶには文化階層上位・中位層が、そして得点の低い方の小さなこぶには文化階層下位層が多数を占めるという状況を思い描くことができるのである。

同じ調査データに対して、時系列的な観点からさらにつっこんだ分析を行った苅谷（前掲『学力の社会学』、6章）は、「学力の階層差は拡大した」と結論づけている。氏が代替指標として設定したのは、「基本的生活習慣」グループである。先に見た「文化階層」指標は実は01年だけに適用可能で、89年データには適用することができない（89年調査ではそれに該当する質問が用意されていなかった）。そこで苅谷は、基本的生活習慣に目をつけて、それが学力に及ぼす影響に関して、89年と01年の結果を比較してみた。その結果見出されたのは、他の要因を統計的に統制したうえでも、基本的生活習慣が身についているかどうかが正答率に及ぼす影響は01年で強まっているという事実であった。基本的生活習慣を身につけるかどうかは、家庭環境の影響を強く受けると考えれば、学力に及ぼす家庭環境の影響力は01年でより高まったと推論することができるというのである。

ところで、ここまで述べてきたのは、しっかりとした階層指標がとれなかったために、「文化階層」や「基本的生活習慣グループ」といった代替指標を用いて学力の階層間格差の実態を把握しようとしたということであるが、この「東大関西調査」は2001年度に実施されたものであり、その時期にはまだ「同和地区」か「地区外」という情報をとることができた（2002年に同和対策特別措置法が切れ、それ以降はその情報は公的には収集できなくなっている）。次の表1－6は、表1－4で見た各教科の平均点を、地区・地区外に分けて集計したものである。表からわかるように、「地区」（同和地区の子どもたち）の点数の低下幅は、いずれの教科においても、「地区外」（一般の子どもたち）のそれよりも大きいことが知れよう。同和地区の状況は、全体の格差拡大の状況よりも、より深刻であるということがこの結果からわかる（鍋島祥郎「誰が落ちこぼされるのか」、苅谷・志水前掲書、2004年）。

次に、その他のデータを用いた研究の成果をいくつか紹介しておくことにしょう。

（表1－6）同和地区内外別の学力低下

		地区外			地区		
		89年平均	01年平均	差	89年平均	01年平均	差
小5	国語	77.2	73.1	－4.1	72.6	61.1	－11.5
	算数	81.2	70.7	－10.5	77.2	58.0	－19.2
中2	国語	72.3	68.3	－4.0	65.6	60.5	－5.1
	数学	70.8	65.8	－5.0	61.7	54.0	－7.7

（出典）鍋島、2000年、200頁

まずあげておきたいのは、耳塚の研究である（耳塚寛明「だれが学力を獲得するのか」、耳塚寛明・牧野カツコ編著『学力とトランジションの危機』金子書房、2007年）。耳塚が利用したのは、氏が勤務するお茶の水女子大学の21世紀COEプログラムの一環として2003～04年に実施された大規模調査データである。この調査は、2つの対照的な地域を対象として実施されたものである。

氏の研究の結論は、以下の2点に集約できる。まず1点目は、首都圏近郊に位置する中都市であるAエリアでは、小学校の算数の成績を規定する要因として、「受験塾通塾の有無」「家庭での学習時間」「父親が大卒か否か」という3つが、この順で強い影響力を及ぼしていたということ。これは、首都圏に生活したことがある私にも、実感をもって納得できる結果ではある。とりわけ、「受験塾に通っているかどうか」という違いが子どもたちの学力の高さに関連している度合いは、当たり前のようではあるが、図抜けたものとなっている。

耳塚は、最近のイギリスでの議論を下敷きに、今日の日本（とりわけ都市部の状況）は、メリトクラシーの段階から「ペアレントクラシー」の段階へ移りつつあると主張する。メリトクラシーとは、「業績主義」と通常訳されるもので、「能力＋努力＝業績（メリット）」という原理が支配的な社会のことである。戦後の日本は、メリトクラシー社会として発展してきたことは間違いない。それに対して、ペアレントクラシーは「富＋願望＝選択」という公式が支配するような社会のあり様である。今日では、「社会的選抜の鍵になるのは業績ではなく、富を背景とした親の願望が形づくる選択次第だというのである」（耳塚、前掲論文、19頁）。すなわち、親の富（塾を中心とする学校外教育費支出の多さ）と願望（高い学歴期待）が子どもの学力を強く規定しているという意味で、Aエリアの状況は上の公式にぴったりと当てはまるというのである。

とはいうものの、家庭背景と学力との関係には地域差があるというのが、氏の結論の2点目である。すなわち、もう一つの調査地、東北地方の小都市であるCエリアでは、学力に対する規定要因がAエリアとはかなり様相を異にするものであった。具体的に言うなら、通塾状況や親の学歴の影響はそれほど大きくはなく、それ以外の「隠れた要因」が学力の影響を及ぼしていることが推測されたというのである。それが何であるかは残念ながら明示されていないが、「学区の経済的・文化的特徴」「学校の組織的特性・経営努力」「教員の資質・指導力」といった家庭的要因ではないものが、想定される要因として仮説的に提示されている（前掲論文、12～13頁）。

この点に関しては、私自身も、あるデータの分析を通じて同様の印象、すなわち都市部では家庭の力が格差形成の大きな要因となっているが、農村部では必ずしもそうではないという印象をもったことがある。これは、4章で詳しく述べる、「効果のある学校」研究の枠組みで小学校40校のデータを分析した際に得た印象である（ちなみにこのデータは、耳塚らと共同で実施した文科省の委託研究によって得られたものである）。

データを分析して見出された結果は、「母学歴」「家庭の収入」「通塾率」といった階層指標に関して押しなべて高い数値を有している都市圏の小学校では、子どもたちの学力格差が大きくなる傾向があるのに対して、相対的には数値が低い農村部の小学校では学力格差が概して小さく、低得点層の出現率が低い水準にとどまる傾向があるというものであった。それに連動するように、前者では家庭学習時間や学習態度のばらつきが概して大きいのに対して、後者では家庭背景の違いにかかわらず押しなべて良好な数値の出方となることが多かった。ペアレントクラシーの勃興という耳塚の主張は、主として大都市圏には当てはまるが、日本全体ではいまだ当てはまらない地域も多いのではないかというのが私の感触である。

（図1－4）中学生・英語の学力分布

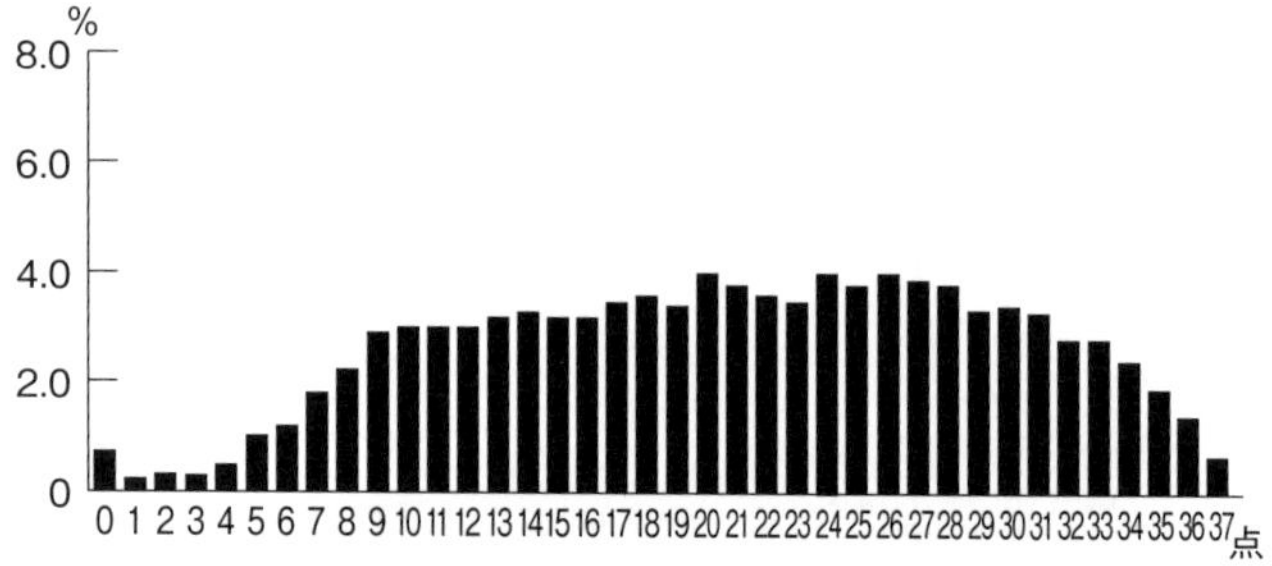

（出典）大阪府教育委員会『平成18年度大阪府学力等実態調査報告書』大阪府教育委員会事務局、2007年、92頁

さてここでひとつのショッキングな集計結果をあげておきたい。図1－4がそれである。これは、2006年に大阪府で実施された小・中学生の学力実態調査からのものである（対象校は小学校が99校、中学校が66校）。中学校3年生の英語の、全体での得点分布を見たものである。クジラのような、あるいは台形型の形になっていることが知れよう。2001年の時点で見出されたのが2こぶの形だったが、2006年になるとその形はより平べったい、のっぺりとしたものになっていた。

どの得点層もほぼ同じぐらい出現するという分布、できる子からできない子までがまんべんなく存在するというクラスの状況が、明らかになったのである。

これを、塾に行っている層と行っていない層に分けて表示したものが、次のグラフである。最初にこのグラフがプリンターから打ち出された時、私は大

（図１－５）通塾・非通塾別の英語の得点分布

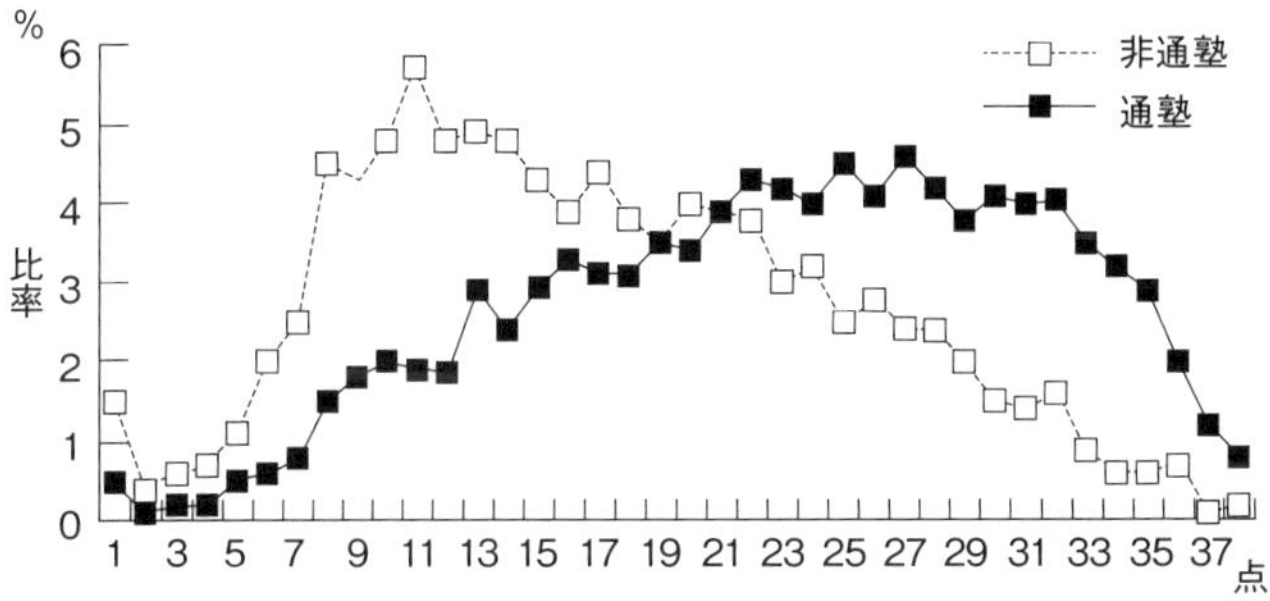

（出典）筆者の独自な分析によるもの

きな衝撃を受け、頭がクラッときたことをおぼえている。見ての通り、グラフは、バタフライ状の形状をきたしていたのである。このグラフを見るまで、学力格差問題を追究してきた私でさえ、現状がここまで来ているとは思っていなかった。すなわち、塾に行っている層と行っていない層が、これほど対照的なカーブを描くとは想定していなかったのである。両者が合成された結果として、台形の形があらわれる。それほど「二極化」の状態は進行していたのである。その当時、英語はまだ中学校に入って初めて学習する教科であった。この調査は中３の４～５月に行われたものであるから、中１～２の２年間で、塾に行っていればまだ点数はとれるものが、塾に行っていない生徒たちは「ほとんど点をとれない子が続出する」という結果となっていることが示されたのである。この結果に対しては、府教委の面々も大きなショックを受け、当時出版された報告書には、このグラフが掲載されることはなかった。

この2006年大阪府調査では、学力テストや子どもたちに対する質問紙調査のほかに、保護者調査や学校調査も組まれていた。私は学校調査の結果と学力テストの結果の相互関連を検討する役割となっていたので、いくらかの分析を行ったのであるが、興味深かったことは、「児童・生徒数」や「一学級あたりの人数」といった学校組織的な変数とテストの点数との関連がほとんど見られなかったのに対して、「要保護率」（その学校における生活保護を受けている子どもの比率）や「単親家庭率」といった学校がおかれた社会経済的な状況を示す変数と点数との関係がかなり強いものとなっていたという事実である（大阪府教育委員会、前掲書、2007年、第5章）。

そのひとつが、表1－7に示した中学校における「要保護率」と平均点との関係である（なおこの表においては、「要保護率1％未満＝低」「同1～3％未満＝中」「同3％以上＝高」と設定している）。表から明らかなように、「高」群の学校と「低」群の学校との間には、3教科の合計で20点以上の格差が生じていることがわかる。

あまりに格差が大きかったので前記報告書への掲載は見送ったが、「単親家庭率」（その学校における「ひとり親」家庭の子どもの比率）と点数との関係は、表1－7に見るよりもさらに顕著なものとなっていた。現代日本では、単親家庭に育つ子どもたちの学力水準は総体としてかなり低い水準にとどまっているということである。ひとり親の家庭で育つことが大きなハンディキャップとならないような社会・教育システムの構築が急務であると考えられなければならない。

（表１－７）要保護率×平均点（中学校）

	国語	数学	英語	合計
低 (11)	65.6	65.0	60.2	190.8
中 (22)	63.9	61.9	59.4	185.2
高 (33)	61.3	56.0	52.8	170.1

単位：点　( ) 内は学校数

（出典）大阪府教育委員会、前掲報告書、175頁

２００７年度に全国学力テストがスタートした段階で、まず注目を集めたのが都道府県格差の問題であった。それについては、すでに序章でふれた通りである。その結果として、まず秋田・福井といった「上位県」では、学力テストでの好成績をバネとした「教育県づくり」の機運が盛り上がり、さまざまな取り組みが加速度的に推進された。他方で、沖縄や高知・大阪といった「下位県」では、学力向上のかけ声のもと「汚名挽回」とばかりにトップダウン的な教育改革が推進され、学校現場は少なからぬ混乱に陥ることもあった（志水宏吉・高田一宏『学力政策の比較社会学【国内編】』明石書店、２０１２年）。

それ以降の流れのなかで徐々に明らかになってきたのは、学校現場のがんばりや一人ひとりの教師のふんばりだけでは、なかな

（表１－８）全国学習状況調査　横浜市の結果（2007年）

国語の結果【正答率】

		横浜	（都道府県別正答率順位）	市・最高	最低点
小・国語A	（知識）	70.3	（全国26番目）	84.0	46.2
小・国語B	（活用）	53.4	（全国　9番目）	82.2	27.9
中・国語A	（知識）	76.0	（全国41番目）	84.7	57.2
中・国語B	（活用）	73.5	（全国39番目）	85.8	48.8

算数・数学の結果【正答率】

		横浜	（都道府県別正答率順位）	市・最高	最低点
小・算数A	（知識）	80.3	（全国11番目）	91.5	63.1
小・算数B	（活用）	59.4	（秋田に次いで2番目）	72.6	34.5
中・数学A	（知識）	63.4	（全国21番目）	79.9	35.6
中・数学B	（活用）	58.1	（全国18番目）	74.8	32.9

（出典）横浜市教育委員会『横浜市学力向上プログラム』2010年３月

か子どもたち全体の学力向上にはつながらないという社会学的現実であったように思う。表１－８をごらんいただきたい。これは、２００７年の全国テストについての、横浜市教育委員会の分析結果である。

小・国語Ｂ（活用）の欄を注目していただきたい。横浜市の子どもたちの正答率は53・４ポイントで、これを全国の都道府県の順位のなかに位置づけると「９番目」となるということである。悪くない結果である。しかしながら、それを学校別に見た場合に、私たちは衝撃的な結果を目にすることになる。すなわち、市で最高点をとった学校の平均正答率が82・２ポイントなのに対して、最低点の学校は何と27・９ポイント。ほとんどトリプルスコアという結果となっているのである。同じテストについて、平均が82点のところがあるのに対して、28点のところもあるという結果である。この学校間格差は、私たちの「常識」をはるかに超えるものである。

横浜市は人口370万人を擁する日本で最大の「市」である。そのメガロシティでは大いなる階層分化が進んでおり、同じテストの平均点が82対28となるという事態が進行している。確かめてはいないが、平均点が28点であるこの小学校には、ことによると多くの外国人児童が在籍しているのかもしれない。あるいは、何か別のきびしい状況があるのかもしれない。いずれにしても、この結果は、日本の階層分化状況を最も先端的に表すものと位置づけることができよう。

「学力格差の現状」と題したこの項の内容をまとめておこう。

まず、学力格差の階層差が顕在化してきた、あるいは問題視されはじめたのが、21世紀に入って以降のこの十数年だと言える。私たちが2001年に実施した東大関西調査では、「家庭の文化的環境」や「子どもの基本的生活習慣の定着度」を階層の代替指標として扱った。また、お茶の水女子大データを用いた耳塚は「父親の学歴」や「学校外教育支出」といったよりハードな変数を階層指標として用いている。いずれにしても、学力の階層間格差は拡大しているというのが、今日の研究者の共通見解だと言ってよいだろう。

第二に、同じく東大関西調査から示唆されるのは、同和地区・地区外の学力格差も拡大傾向にあるということである。同和対策特別措置法切れ以降新たなデータをとることができないでいるのだが、大阪などの学校現場からの証言によると、地区・地区外の学力格差は一層増大しているのではないかと推測される。この格差を埋めるための何らかの法的・制度的手だての構築が急務であろう。

第三に、そうした学力の階層間・集団間格差は、かつてのような地域間格差（「都鄙格差」）として現象するのではもはやなく、むしろ単一の自治体内での学校間格差として表出されることがもっぱらとなっていると考えられる。大阪の例しかり、横浜の例しかり。今日の学力格差は、ある自治体（都道府県あるいは市町）内の、校区別の「モザイク模様」的イメージで語られるべきものとなってきている。

それぞれの自治体内に「できる学校」と「できない学校」がある。それは校区に在住する住民たちの階層的背景を如実に反映するものとなっているはずだが、ふつうの人々はそうは考えない。「できる学校」＝「よい学校」で、人々はその学校に子どもを通わせたいと思う。他方、「できない学校」＝「質の低い学校」で、「教師の努力が足りない学校」とみなされやすい。学校選択やアカウンタビリティ（説明責任）といった考え方が注目されるようになるなかで、いかに「できない学校」を底上げするかという難問が、教育関係者にとっての、全国共通の課題となりつつある。

4　世界のなかの日本

　ここで目を、日本の外に転じてみよう。そもそも世界的な視点に立つと、学力格差の問題はどのような様相を呈するものとして浮かび上がってくるだろうか。私たちは、ここ数年教育・学力政策の国際比較をテーマとする調査・研究活動に従事してきた。具体的には、アメリカ・イギリス（イングランドとスコットランド）・フランス・ドイツ・フィンランド・オーストラリア・ブラジルなどの国の教育政策の変化を追った（２００９～２０１１年度）のちに、２０１２年度以降は対象国を６つ（上記より、フィンランド・ブラジルを落とし、逆に日本を付け加えた）に限定し、「学力格差是正策」に焦点を当てた調査研究を継続している。その結果明らかになったのは、概略以下のようなことがらである（志水宏吉・鈴木勇『学力政策の比較社会学【国際編】』明石書店、２０１２年）。

　まず、すべての国が大なり小なり、学力水準の向上を目指すと同時に、学力格差の縮小に積極的に取り組むようになってきているということ。PISAと呼ばれる国際比較学力テストにおける「トップ国」フィンランドから、最下位近くに甘んじているブラジルにいたるまで、各国が学力向上のみならず、学力格差是正に懸命に取り組んでいるという現状は、まだ学力格差是正策が明示的には採られていない日本という国に暮らす私たち研究グループの面々にとっても新鮮な驚きであった。なぜか。理由は簡単である。日本以外のほとんどの国では、学力の集団間格差を是正する以外に国民全体の学力向上はありえないという常識になっているのであった。

とはいうものの、格差を縮小する時に想定される社会集団は何かという点については、国によるばらつきが目立った。例えばアメリカ、あるいはフランスやドイツといった大陸ヨーロッパの国々では、エスニックマイノリティないしは移民がその主要ターゲットとなっていた。アメリカなら黒人・ラティーノ、フランスならアルジェリア人、ドイツならトルコ人といったように。イギリスでは、移民というよりはむしろ「経済的貧困層」に政策の重点がおかれていた。その主要なターゲットは、白人の労働者階級である。それに対して、オーストラリアでは、「アボリジニ」と呼ばれる先住民の教育達成をいかに向上させるかという点が今日の国是となっている趣があった。またブラジルでは、公立学校に通う子どもたちと私学に通う子どもたちのギャップをどう縮めるかという問題に焦点があてられていた。他方、そうした「マイノリティ」の存在が顕在的ではないフィンランドでは、一人ひとりの学力を伸長させる取り組みが非常に充実していた。

　また、だれを対象にするかという点だけではなく、どういう手法によってそれを成し遂げるかという点に関しても、各国にはバリエーションが存在した。そのなかで、今日の主流になっていたのが、競争主義や成果主義を原理とする新自由主義的アプローチであった。詳しい説明は他書にゆずるが、サッチャー以降のイギリス（正確にはイングランド）がその最も進んだ形態を取り入れていると判断することができる。一方で、フィンランドやスコットランド（イングランドの北側に隣接する地域。独自の教育システムを運営する自由が認められている）においては、教員集団の自律性や教育機関の協働関係を重んじる社会民主主義的アプローチが依然として重視されていた。

　そうしたなかで、ひとり日本だけが、学力格差の是正に対して積極的ではない姿勢を保っていると言うことができる。先に述べたように、全国学力テストで下位に位置づく自治体ではさまざまな手が打たれているが、基本的にそれらは「全体的なてこ入れ」という色彩が強いもので、欧米諸国に見られるような「きびしい層の底上げや下支え」という視点は全般的にうすいと言わざるをえない。なぜか。端的に言うなら、世界標準で見ると日本の学力格差は「ずっとマシ」な水準にとどまっているからである。換言するなら、お尻にまだ火がついていないのである。

いくつかデータを見ておこう。これまで実施されたPISA調査の結果をまとめてみたのが、表1-9と表1-10である。表1-9は、4回の調査における「読解力」「数学的リテラシー」「科学的リテラシー」という3つのテストの得点と参加国中の順位を示したものである。第2回めのPISA2003と第3回めのPISA2006において、「読解力」を中心に日本の得点はかなりの低下傾向を示したが、第4回めのPISA2009では持ち直した感があり、トータルするなら日本の15歳の子どもたちの学力水準は「世界でも上位に位置する」とみなしてよいだろう。

次の表1-10は、「読解力」のテストについて、学力格差の状態を時系列的に追いかけたものである。最も水準が低い「レベル1以下」から最上位の「レベル5以上」まで子どもたちの学力水準を5つに分けた時のそれぞれの比率を示している。最も下段にあるPISA2009の欄を見ていただきたい。「レベル5以上」の比率が16・3%と急増しているのが目につくが、同時に、「レベル1未満」の比率もまた、初回のPISA2000の時よりも数%増えていることがわかる。両方の結果を合わせると、明らかにこの10年の間に、子どもたちの学力格差が拡大した（=できる子とできない子の差が広がった）と

（表１－９）PISA 調査の結果

	読解力	数学的リテラシー	科学的リテラシー
PISA2000	522（8/32カ国）	557（1/32）	550（2/32）
PISA2003	498（14/41カ国）	534（6/41）	548（2/41）
PISA2006	498（15/57カ国）	523（10/57）	531（6/57）
PISA2009	520（8/65カ国）	529（9/65）	539（5/65）

（出典）各回の日本語版報告書から筆者が作成

（表１－10）読解力テストにおける習熟度レベルの分布

	レベル1以下	レベル2	レベル3	レベル4	レベル5以上
PISA2000	10.0	18.0	33.3	28.8	9.9
PISA2003	19.0	20.9	27.2	23.2	9.7
PISA2006	18.4	22.0	28.7	21.5	9.4
PISA2009	13.6	17.8	25.9	25.0	16.3

（出典）各回の日本語版報告書から筆者が作成

（注）「レベル 1」が最も低い習熟度、「レベル 5」が最高。最新の PISA2009 では、レベル 1 が「1a」「1b」「1b 未満」の 3 つ、レベル 5 が「5」と「6」の 2 つにそれぞれ細分化されているが、ここでは合わせた数値を掲載した。

指摘することができるのである。日本の子どもたちの学力水準は依然として高い。しかしながら、格差の視点で見ると、事態は徐々に悪化しているとまとめることができよう。

もう10年近くも前になる。PISA2000の結果が公表された直後に、PISA調査の実質的責任者であるPISA統計局のシュライヒャー氏が来日したことがあった。その際のシンポに同席させてもらった時に、氏は私たち関係者にこう言ったものである。「皆さん、どうしてそんなに悲観的なのですか。日本の結果は立派なものですよ。水準も高いし、格差も小さい。ごらんなさい。

私の祖国ドイツの結果は散々なものですよ」。たしかにドイツの結果は良好なものとは言いがたかった。この結果の公表によって、ドイツには「PISAショック」が到来したと言われた。分岐型の中等教育（11〜12歳の時点での学力・希望で、異なるタイプの中等学校に進学する）を根幹とする古色蒼然たるドイツの教育制度が、「中以下」の子どもたちの学習に対するモチベーションを引き下げるために結果がふるわないという指摘がなされ、それ以降ドイツでは抜本的な教育改革が図られることになったのである。

それに対して、あるPISAに関する国際レポートでは、日本の教育について次のような好意的なコメントがなされている。

「日本の学校には能力別の学級編成がなく、クラスは様々な能力の者から成り、生徒は能力によって落第したり、進級したりすることがないということはすでに指摘した。しかも、全員に同じ厳しいカリキュラムを習得することが求められている。これは、結果に関する平等に向けた強力な処方箋と言える。この取り組みで特に印象的なのは、期待される結果が最も低い共通点にではなく、世界的に見て可能な結果の最上位に置かれている点である」（OECD『PISAから見る、できる国・頑張る国』明石書店、2011年、193頁）

この文章は、どちらかと言えば「買いかぶりすぎ」とも言うべきもので、今日の日本の学校では、「能力別の学級編成」も積極的に採られるようになっており、期待値も「世界的に見て可能な結果の最上位」とは言えない現実もある。しかしながら、この文章が示唆するように、日本の学校システムは、今日でも世界のなかで有数の平等主義的な成り立ちを有しているシステムであることはたしかだと言えよう。そのことは、忘れてはならない重要ポイントである。

図1－6をごらんいただきたい。これは、PISA2009の報告書に掲載されている図である。横軸（X軸）は、「生徒の社会経済的背景」指標によって成績が説明される度合いの高さを示している。すなわち、右に行けば行くほど「生徒の社会経済的背景が学力に影響する度合いが小さい」国であることを示している。また縦軸（Y軸）は、「生徒たちの読解力の水準の高さ」を意味する。要するに、上に行けば行くほど、平均点が高い国ということになる。

日本は、香港・フィンランド・カナダと並んで、第一象限の右上あたりに位置する国となっている。つまり日本は、現代において、世界のなかでも有数の「平均点が高く、平等性も高い国」であると指摘することができるのである。これは、特筆しておいてよい結果である。

（図１－６）生徒の社会経済文化的背景と読解力点数との関連

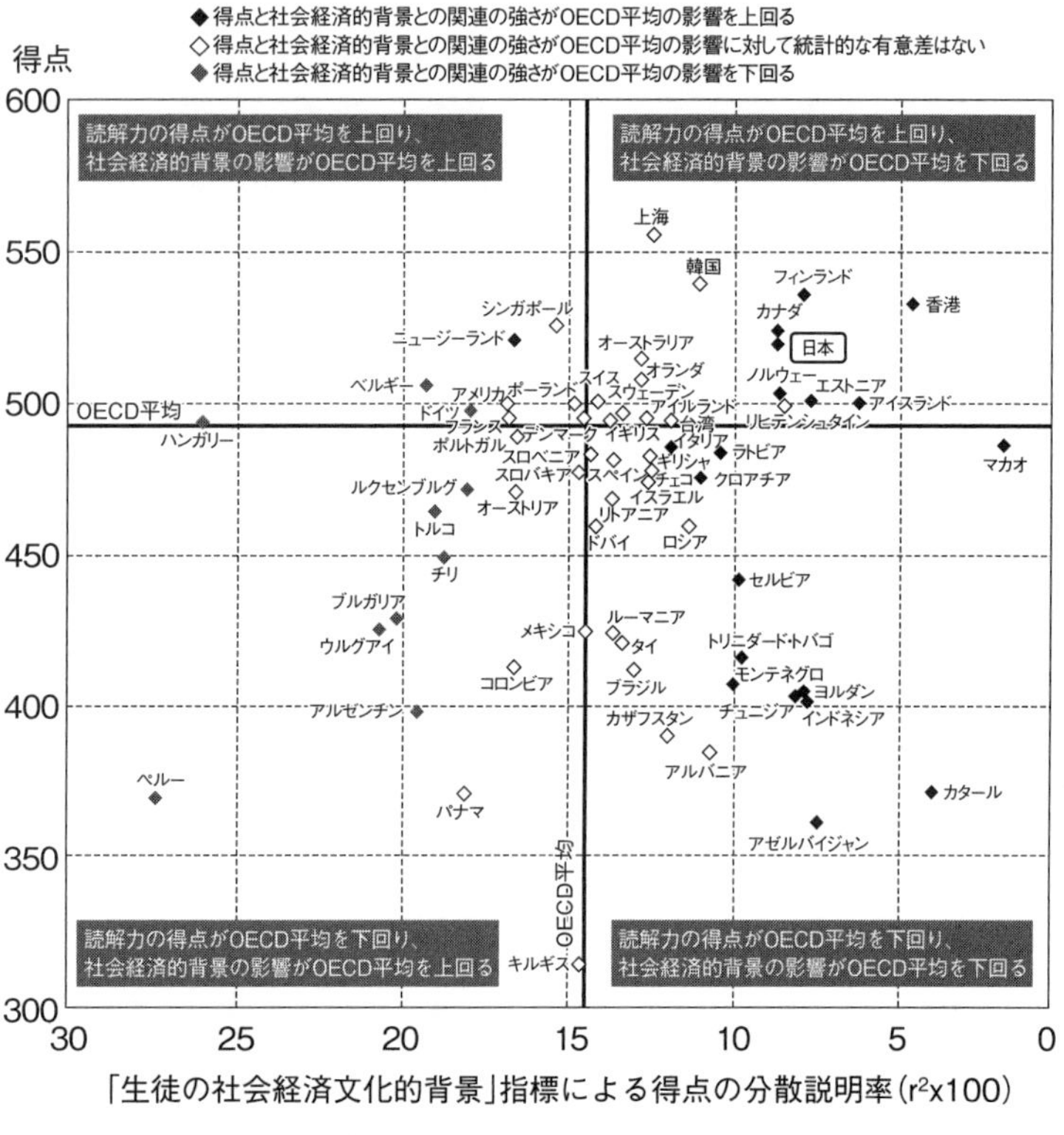

（出典）国立教育政策研究所『生きるための知識と技能 PISA2009 年調査国際結果報告書』明石書店、2010 年、236 頁

5　考えなければならないこと

本章のまとめをしておきたい。

「学力の違い」が、「学力格差」として問題になるのは、それがある観点から是正すべき対象であると認識されるようになった時のことである。戦前期までは、それはほとんど問題にされなかったと言ってよいだろう。身分や家柄によって人生のルートがあらかた決まっていた段階では、「ちがい」があるのはある意味当たり前のことであり、人々は10代の半ばまでにはほぼ「分に応じた」進路に参入していったに違いない。

戦後、アメリカにならった単線型の学校体系が導入されるにいたって、事態は大きく変化する。中等教育や高等教育に進学することが、すべての階層の人々にとって社会的に望ましいことだと見られるようになった。その時点で問題視されるようになったのが、都会といなかにおける子どもたちの学力格差、すなわち学力の「都鄙格差」の問題である。図式的に捉えるなら、戦後のある時期まで、学力格差の問題は主として「学力の地域間（都市－いなか）格差」として把握されてきたと言ってよいだろう。

　1990年代後半以降、日本社会の成熟・格差社会化の進行に伴い、その実態に大きな変化が生じている。日本海側の各県がよい成績を収める傾向にあるという、2007年以降の全国学力テストの結果に示されているように、今日ではかつての地域間格差は雲散霧消したかの観がある。それに代わってクローズアップされるようになってきているのが、「学力の階層間格差」の問題、より端的に言うなら、「家庭環境に由来する学力格差」の問題である。先に見た「ペアレントクラシーの到来」という用語がリアリティーをもって私たちに迫ってくるのは、個々の家庭のあり様に由来する学力格差の拡大という事態を、私たち教育関係者が肌身で感じられるようになってきているからである。

　いずれにしても、今日の課題は、家庭環境に由来する子どものたちの学力格差が見過ごせないほどに大きくなってきているという点にあると言って間違いない。ただし、4節で見たように、私たちが懸念するこの格差の拡大という事態は、実は世界的に見ると大した問題ではないとも評価しうる。なぜなら、日本の「格差」は全然大きくないと言えるのだから。この問題を、どのように考えればよいだろうか。

　上記の問題を、「貧困」という問題に引きつけて考えてみよう。今日の日本では、貧困の問題が大きくクローズアップされるようになってきているが、貧困には、「絶対的貧困」と「相対的貧困」という2つの観点があることがしばしば指摘される。「絶対的貧困」とは、「最低限の収入さえ得られない」「食べていくにも困る」状態を指す。それに対して、「相対的貧困」とは、「その国の平均の半分以下しか収入がない」「収入が世帯の食費の3倍にも満たない」といった事態を指す。アメリカや日本で暮らす人のなかで「絶対的貧困」を経験している人はさほど多くはないだろうが、「相対的貧困」のなかにある人は（言葉の定義からして）相当数存在することになる。後者の境遇にある人々の生活水準は、客観的に見た場合には、ことによると途上国のミドルクラスの人々のそれを上回ることもあるだろう。たとえば、日本で「相対的貧困」の状態にあると判定される人の消費生活は、世界最貧国のお金持ちのそれよりも「ぜい沢」なものであるかもしれないのである。

だからといって、「たとえ日本の低学力児でも、貧しい国の学力中位児よりは『客観的には上』なのだから問題はない」と言い切ってよいだろうか。当然、答えは「否」である。社会学のなかに「相対的剥奪」という考え方がある。これは、人々がもつ不満は、彼らがおかれた境遇の絶対的な劣悪さにもとづくのではなく、「現実の充足水準と期待とのギャップ」（『現代社会学辞典』弘文堂、２０１２年、８１５頁）に由来するというものである。わかりやすく言うなら、日本の貧しい人々は、自分の恵まれない境遇を、世界の最貧国の人々とではなく、身の回りの人々との比較の上から評価・判断するということである。言葉を換えるなら、「したくてもできない状態」「当たり前の生活から外れてしまっているという感覚」が相対的剥奪である。

アメリカの社会疫学者カワチは、『不平等が健康を損なう』（カワチ&ケネディ著、日本評論社、2004年）という著作のなかで、健康の不平等をめぐる興味深い議論を展開している。きわめて競争主義的なアメリカ社会のあり方は、人々の間の経済的不平等を拡大させる一方で、彼らの消費生活をあおり続ける。その結果として、「劣悪な健康状態、高い犯罪発生率、そして市民社会の衰退」（前掲書、137頁）が病理として生み出されるというのである。アメリカの物質的な繁栄は、人々の健康を増進させるどころか、深刻な「健康格差」を生じさせている。

日本はアメリカほどではないものの、高度に発展した資本主義社会である。拡大する子どもたちの間の学力格差は、彼らの教育達成の格差を不可避的に導き、やがてそれは就労や住居や家庭生活や社会活動等の諸領域における生活機会の格差へと結びついていく。端的に言うなら、学校において十分な基礎学力を獲得できない子どもたちは、望んでも就職や結婚ができず、なおかつ十分な消費生活や余暇活動を享受できない大人になるリスクを背負うことになる。

学力格差の拡大は、社会的排除の昂進へと抜きがたく結びつく。日本社会を真にインクルーシブ（包括的）なものへと変容させるためには、学力格差の克服が必須の要件となるのである。

2章　なぜ学力格差が生じるのか

前章では、学力格差とはなにかというwhatにかかわる部分について扱い、その定義と歴史・現状について概観した。それに続く本章では、そうした学力格差がなぜ生じるのかというwhyにかかわる部分について検討を加えてみたい。

学力格差を生み出すものはなにかという問題を検討するにあたって、改めて「学力」というものについて考えておくことにしたい。学力の中身をどう捉えるかという問題である。

1 学力の構造——学力の樹

ここで提示しておきたいのは、ある時私が思いついた「学力の樹」という捉え方である（志水宏吉『学力を育てる』岩波書店、2005年、1章）。学力の樹とは、学力の中身を、より正確に言うなら「学力の構造」を把握するために編み出したイメージである。

図のように、およそ樹というものは、「葉っぱ」と「幹・枝」（以下では、合わせて「幹」と呼ぶ）と「根っこ」から成り立っていると考えることができる。その三者を、「知識・技能」（A学力）と「思考力・判断力・表現力」（B学力）と「意欲・関心・態度」（C学力）に

（図２－１）学力の樹

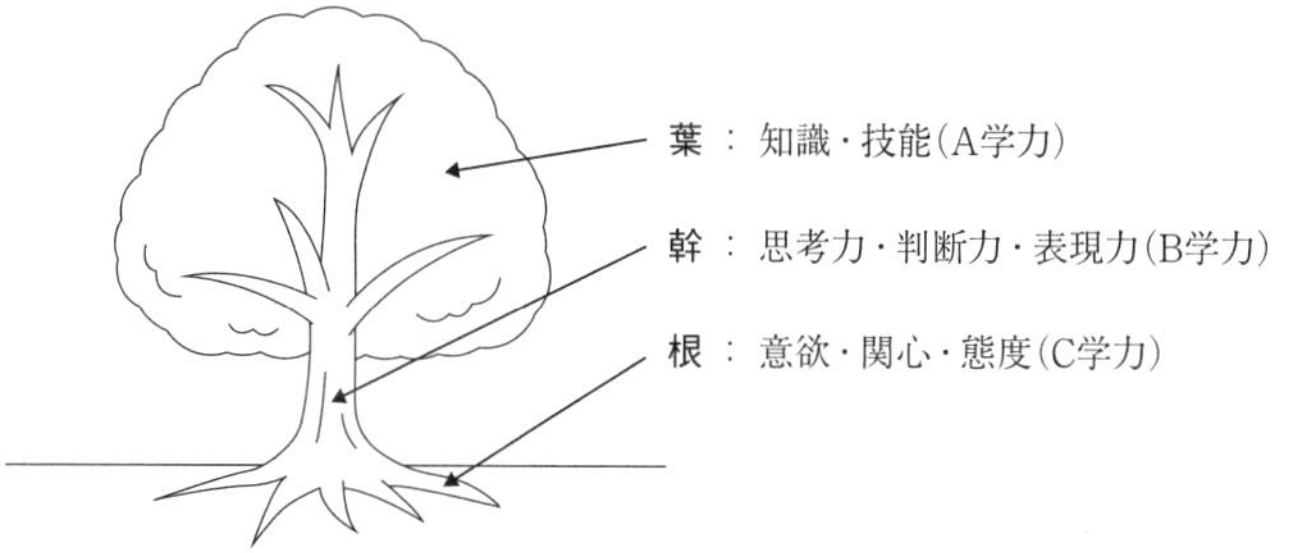

（出典）志水宏吉『学力を育てる』岩波新書、2005年、45頁

なぞらえてみようというのが、学力の樹のイメージの骨子である。「知識・技能」「思考力・判断力・表現力」「意欲・関心・態度」といった事項は、今日の学校現場において子どもたちが獲得することが期待されている学力の具体的中身である。それらの関係（＝学力の構造）を示したものが、この「学力の樹」であると理解していただきたい。

順に見ていこう。

まず、葉っぱである。一枚一枚の葉が、子どもたちが学校で習得する一つひとつの学習事項である。今日の学校では、学習事項（＝勉強して獲得するもののこと）を、「知識」と「技能」という言葉で言い表すことになっている。知識とは、言うまでもなく、さまざまな教科の学習のなかで学び取るさまざまなことがら、たとえば、一つひとつの漢字の読み方や歴史の勉強で暗記する一つひとつの年号のことである。それに対して技能とは、たとえばリコーダーの吹き方であったり、マット運動での前転の仕方であったりする。注意すべきは、後者の「技能」は、必ずしも音楽や体育で学習するものだけではないということである。計算の仕方や漢字を上手に書く書き方なども、学校現場では「知識」ではなく、「技能」とみなされる。つまり、どの教科の学習のなかにも、知識と技能が含まれているということである。

植物が葉っぱで光合成をして新しい養分をつくり出すことができるように、人間も新たな知識や技能を獲得することで何か価値あるものを生み出すことができる。そして、葉っぱの量が多いほど光合成の量が増すように、人間も多くの知識・技能をもてばもつほど新たなものを生み出す可能性が高まる。

学力のこうした側面は、教育界では「見える学力」と呼ばれてきた。ペーパーテストで測られる「点数学力」と表現することもできる。ちょうど植物の葉っぱの緑が最初に目に飛び込んでくるように、知識・技能の量は一見してわかりやすい。今日の全国学力テストのA問題で測定される部分が、ちょうどこの葉っぱの部分に相当すると見ることもできる。そこでこれを「A学力」と名づけることにしよう。

次に、葉っぱと対極的な位置にあるのが、根っこである。見えやすい葉っぱとは異なり、通常根っこは土のなかに隠れており、全体像を見ることはできない。したがって、根っこ学力は「見えない学力」である。学力の見えない部分が、見える部分を支えているという捉え方である。根っこの役割は、主に2つある。体全体を支える役割、そして体の成長に不可欠な水や養分を吸収する役割。根っこがしっかりしていれば、樹は倒れたり、枯れたりすることはない。しかし、根っこが弱いと、生命の危機にさらされる危険性が高まる。

では、根っことはなにか。広く言うなら、その子が「内に秘めているものすべて」を根っこと捉えることができる。もう少しかみくだいて言えば、その子自身の「個性や持ち味」「くせや性分」「夢や希望」といったものを根っこと捉えることができるのである。この部分は直接目で見ることができないが、学校生活のなかではその子のやる気や積極的な姿勢（逆に言うなら、無気力や後ろ向きな態度）といった形をとって、外にあらわれることになるだろう。現代の学校教師たちは、「意欲・関心・態度」という観点で、子どもたちが有するこの大切な部分を見ることになっている。ただし、全国学力テストをはじめとするペーパーテストでは、この部分を適切に評価することは難しい。これを「C学力」と名づけるゆえんである。

最後に、葉と根をつなぐものとして幹を考えることができる。植物で言うなら、葉っぱでできた養分は体内の管を通って下に降りて行き、根っこに蓄積される。反対に、光合成を継続するためには、根っこから大量の水分を吸い上げ、重力に逆らいながら一枚一枚の葉っぱにまで行き渡らせる必要がある。それらの物質が行ったり来たりする長いプロセスのなかで、管のある部分が細胞分裂を重ね、茎が細い幹に、細い幹が太い幹に形成されていくことになる。幹がしっかりとしたものになるためには、植物の世界でも少なくも数年はかかる。

人間の場合には、さらに長い歳月が必要であろう。子どもたちは日々いろいろなことを学び取っていく（葉っぱ学力）。片や、彼らの胸のうちにはさまざまに秘められたものがある（根っこ学力）。日々の生活のなかで、さまざまな人とのかかわりのなかで、両者が行ったり来たりするわけである。そして、笑ったり、泣いたり。成功したり、失敗したり。頼られたり、無視されたり。達成感に浸ったり、後悔の念に沈んだり……。そうした経験を積み重ねるなかで、子どもたちは、自分なりのものの見方や考え方、自分の気持ちの表し方や人とのかかわり方を形成していく（幹学力）。今日の学校では、この部分は「思考力・判断力・表現力」という言葉で表されるようになっており、大まかに言うなら、全国学力テストのB問題がそれを測定するために用意されている。そこで、この部分をB学力と呼ぶことにする。

以上が、学力の樹の考え方の概要である。

繰り返しておこう。現代の子どもたちに必要とされる学力は、3つの部分から成り立っている。葉（知識・技能）と幹（思考力・判断力・表現力）と根（意欲・関心・態度）である。これらが三位一体となって、一人ひとりの子どもの学力の樹を形づくっている。私たち大人にできることは、彼・彼女にとってベストな環境（それができなければベターな環境）を用意することである。子どもたちは、その環境と主体的にかかわり、取捨選択を繰り返しながら、自らの学力の樹をつくっていく。

2　なにが学力格差をつくり出しているのか

1章の冒頭に、私自身の中学校時代の体験を書いた。自分の出身小学校とは違う、別の小学校からその中学校に入学してきた子どもたちが、押しなべてよく勉強ができたのであった。「あいつら、何であんなに頭がええんや」。自分の、あるいはその他の小学校からきた仲間と、よく言い合ったものである。「頭がよい」「できる」子どもたち。一方、勉強が不得意な子もたくさんいた。彼らは「できない」だけでなく、勉強が「きらい」であった。「できる子」と「できない子」。その格差は、中学校生活が進んでいくなかで、どんどん開いていった。無情なほどに。

「頭がよい」という言葉は、「顔がよい（＝整った顔をしている）」と同じように、「生まれつき」というニュアンスが強い。しかしながら、その小学校からの子どもたちの頭がよかったのは、決して生まれつきというわけではない。明らかにそれは、大企業の社宅が立ち並ぶという環境的要因のなせるわざであった。一般には、「勉強ができる」「よい成績をとる」子どもは、「頭がよい」「かしこい」子どもだとみなされる。間違いというわけではないのだが、それは主として環境のなせるわざであり、もともとの性質（＝遺伝）がダイレクトに反映したものではないと、私たち教育社会学者は考える。「スタイルがよい」のは、生まれつきというよりは、日々の努力の積み重ね、あるいはたまたまよい環境のもとに生まれ育ったからだと、私たちは考えたいのである。

私なりの観点で整理すると、子どもたちの間の学力格差を説明する図式は、これまで以下の4つのいずれかに当てはまるものであった。すなわち、

①遺伝形質
②家庭背景
③学校過程

④社会構造

要するに、①「遺伝」に原因を見るもの、②「家庭」の環境に帰するもの、③「学校」のなかに秘密を解く鍵があるとするもの、そして④「社会」のあり方がそれにかかわっているとするもの、の4つである。①から④に移り変わっていくにつれて、素朴で一般的な見方から、より社会学的な見方へと進んでいくと見ることもできよう。

「学力の樹」についての記述からも明らかなように、私は、遺伝的要因が決定的だという立場はとらない。何よりも重要なのは、環境（＝家庭、学校、社会）だと考えている。それが、社会学者というものである。

ただし、誤解のないように言っておくなら、「遺伝的要因は関係ない」と主張しているのではない。やはり遺伝という要素はあるに違いないが、遺伝だけで物事が説明できるとは考えられないということである。サッカーを例にとって考えてみよう。

ブラジルはサッカーが強い。しかしながら、ブラジルの黒人系選手のルーツである、アフリカのどこかの国がブラジルと同じぐらい強いという事態は、現状ではほぼ考えられない。遺伝だけを考えると匹敵してもよさそうだが、サッカー文化の根づくブラジルの社会環境にはほど遠いために、そのアフリカの国の競技力はブラジルレベルまでに高まらないのである。ましてや遺伝的アドバンテージも環境的有利さも想定しにくい日本代表チームの競技力は、少なくとも私が生きている間には、ブラジルと同等にはならないだろう……。要するに、ブラジルの強さは、ブラジル社会の歴史と伝統がつくりあげたものだと言いたいのである。

以下本章では、家庭、学校、社会の順に、学力格差の発生・拡大がどのように説明されてきたかを、何人かの論者の議論を参照しながら見ていくことにしたい。

3　家庭環境の問題

先に学力の樹の考え方について説明した。施設等で育てられる一部の子どもたちを除いて、現代のほとんどの子どもの学力の樹が育ちはじめるのがそれぞれの「家庭」である。「三つ子の魂、百まで」とよく言うが、学力の樹にとって決定的に重要なのが、最初にそれが根を張る「家庭」という土壌の性質である。

人は、3歳の終わりを迎えるまでには、ほぼ完全に母語を操れるようになる。考えてみれば、それは不思議なことである。日本に生まれた子は日本語を、韓国に生まれた子は韓国語を、気がついたら自在にしゃべれるようになっているのである。それに加えて、東京に育てば標準語あるいは東京弁を、大阪に育てば関西弁を話すようになる。これは、好みや選択の問題ではない。気がついたら、そうなっているのである。もちろん、たとえば関東出身の母親が、関西に来たけれど関西弁になじめずに、標準語で子育てをするといった場合もありえるだろう。その際困るのは、子どもの方である。お母さんとは標準語で話すが、学校では関西弁でしゃべらないと何かとややこしいこともあろう。子どもは自分に与えられた環境のもとで、適宜言語的スイッチングを行うようになるだろう。

教育社会学の領域では、階層や社会集団による家庭環境の違いというテーマが、伝統的に追究されてきた。その違いが、学力や学歴の格差につながるという議論も幅広くなされてきた。一般的に言うなら、「階層文化の違いが教育達成の格差につながっている」ということである。

そのなかでも最も知られた議論の一つが、イギリスの教育社会学者バーンステインの言語コード論である。ご存じの方もおられると思うが、その概略を改めて紹介しておこう。

バーンステインが立てた問いは、「なぜ労働者階級の子どもは学校で失敗するのか」というものである（B・バーンステイン『言語社会化論』明治図書、1981年）。この時の「失敗」とは、「高い学力を獲得できない」（＝低い成績しかとれない）という事態を指す。これから説明する言語コード論が提唱されたのは、今から40年以上前のことである。当時のイギリスの社会は、階級社会の典型だったと言ってよい。そこには、「中産階級」（ミドルクラス）と「労働者階級」（ワーキングクラス）という「2つの国民」がいたと言われている。お互いはお互いの生活世界と文化を有し、社会のなかに併存していた。学校教育のメリットを享受して、ホワイトカラーの仕事につく中産階級の人々に対して、独自の文化・価値観から学校の価値をある意味相対化し、ブルーカラーの世界へと入っていく労働者階級の人々。バーンステインの関心は、人々が使う言語の働きに注目して、学力格差がつくり出されるメカニズムを説明することにあった。

鍵となる概念が、「精密コード」と「限定コード」と呼ばれるものである。前者は、中産階級の人々が主に操るもの（労働者階級の人々はそれを扱うのが不得意）、後者は、労働者階級の人々が主に使うもの（中産階級の人々も時に応じてそれを使うことができる）とされた。では、それらは、具体的にどのような中身をもつのか。

前者の精密コードとは、テレビやラジオのアナウンサーが使う言葉遣いを想定してもらうと、わかりやすいだろう。それを聞きさえすれば、どこでなにが起こったのかを過不足なく理解することができるような、ていねいな言葉遣いである。それに対して限定コードとは、よく見知った者同士が用いる、短かめの、感情に富んだ言葉遣いを想像してもらえばよい。お互いにはよく了解できるが、文脈・状況を共有しない第三者には何のことかわからないような、言葉のやりとり。

両者の違いをまとめたものが、表2－1である。両者の違いの根本にあるのは、文脈独立的か文脈依存的かという違いである。

（表2－1）2つの言語コードの対比

精密コード		限定コード
長い	←→	短い
語彙が豊富	←→	語彙が限定的
構文が複雑	←→	構文が単純
代名詞が少ない	←→	代名詞が多い
論理的	←→	情緒的
文脈独立的	←→	文脈依存的

（出典）志水宏吉『学力を育てる』岩波新書、2005年、100頁

そう言えば、私の中学校時代、社宅の多い小学校から来た子どもたちが操っていたのがまさに精密コードの言語であった。それに対して、同和地区のある小学校から来ている子どもたちは、私たちとは違う言葉遣いをしていたことが鮮明に思い出される。それは、バーンステイン的に言うなら、「1970年代関西バージョン」の限定コードだったと言えるだろう。

では、なぜ階級によって用いるコードが違うのか。バーンステインは、それを家族の構造に由来するコミュニケーションの違いにもとづくという説明を与える。氏によると、中産階級には家族メンバーのそれぞれの個性を尊重する「個性志向家族」が多いのに対して、

労働者階級では家族メンバーの地位と役割がはっきりとしている「地位家族」が支配的だという。日本風に言うなら、前者は「友だち家族」、後者は「雷おやじ家族（あるいは肝っ玉かあさん家族）」とでもなろうか。前者においては、言語によるやり取りを重視したコミュニケーション・しつけ行動がとられるため、子どもたちは精密コードに習熟しやすい。それに対して後者では、それぞれのメンバーの地位と役割が固定しているため、子どもたちはもっぱら限定コードでやりとりをし、精密コードを身につけにくい。

結果として、中産階級の子どもは状況に応じて2つの言語コードを適宜使い分けることができるが、労働者階級の子どもはもっぱら限定コードでコミュニケーションをとるため、精密コードが支配する学校のなかではうまくいかないことが多くなるというのが、バーンステインの主張の骨子である。それがゆえに、労働者階級の子どもたちは学校で失敗することが多い、と論理は展開していく。

上に述べたバーンステインの議論はもはや古典的と言ってよいものだが、これに類似した近年の研究として注目されているのが、アメリカのラリューのものである（A.Lareau, 'Invisible Inequality,' *American Sociological Review*, Vo.67, No.5, 2002）。ラリューが着目したのは、それぞれの階級の親の子育てのやり方の違いであった。結論は以下である。それが白人であろうと黒人であろうと、中産階級の親の子育ての特徴は「熱心な子育て」（concerted cultivation）とでも呼べるものであり、労働者階級および貧困層の親のそれは「自然な成長」（accomplishment of natural growth）である。

中産階級の親たちは、自分の子どもの才能や個性を伸ばそうと、習い事や余暇活動に余念がない。親戚とのつきあいはそう多くなく、子どもは同級生と主につきあう。そして、子どものためになるならと、学校の諸活動への参加にも熱心である。他方、労働者階級および貧困層の親たちは、子どもに世話を焼くが、放っておくこともままある。子どもは親戚の子や異年齢集団で時間を過ごすことが多い。基本的に学校や教師任せで、しばしば学校のやり方についていけないこともある。その結果として、中産階級の子どもは「やればできるという感覚」を、労働者階級・貧困層の子どもは「なにかうまくいかないという感覚」をもちがちになると言う。

このラリューの研究は、１９９０年前後のアメリカで行われたものであるが、今日の日本の状況と重なるところも多い。私は現在「阪神間」と呼ばれる地域に住んでいるが、近隣の公立学校の先生方と話していると、「いろいろな親がいますよ」という形で、次のようなことが語られることがしばしばある。すなわち、高学歴で「教育熱心」な保護者が学校のやり方についてなにかと注文をしてくる状況が一方であるなかで、放任主義的な若いお父さん・お母さんが「教育・子育ての常識」とも思えることを知らずにヒヤヒヤすることがあると。

バーンスティンは家庭内の言語使用に、ラリューは子育ての仕方に注目しているが、つきつめて言うなら彼らが指摘しているのは、「家庭における文化」の違いである。より正確に言うなら、「階層文化」の違いである。もちろん現実はずっと複雑で、彼らが提示したような単純な二分法（精密コード／限定コード、熱心な子育て／自然な成長）で割り切れるものではなかろうが、それにしても彼らの議論はわかりやすく、かなりの程度説得的である。

他方で、フランスの社会学者P・ブルデューは、「文化資本」という概念を提示したことでよく知られている（P・ブルデュー＆J・C・パスロン『再生産』藤原書店、1991年）。文化資本とは、ある個人なり、家族なり、社会集団なりが所有する「文化的に価値あるもの」の総体であり、「経済資本」「社会関係資本」と並ぶものという位置づけがなされている。経済資本とは、言うまでもなくお金や資産のことである。また、社会関係資本とは本書の主題である「つながり」を学術的に言い換えたものであり、内容的には「人間関係が生み出す力」（具体的には信頼関係やネットワークやコネにあたる）を指す。ブルデューは、「これら三種の資本を上手に運用することによって、各家庭なり集団なりは自らを上手に再生産しようとする」とし、結婚・教育・転居などのイベントを「再生産戦略の一環」として位置づけることを学問的に試みた。

話をもとに戻すなら、バーンスティンの「精密コード」、ラリューの「熱心な子育て」は、現代社会において重要な文化資本となりうるものである。なぜならば、現在の社会や学校のあり様が、それらに価値を置くものとして成り立っているからである。言葉を換えて表現するなら、現在の社会システムや学校文化は、中産階級に有利になるように構成されているということである。この点が、ここでの議論のポイントである。

もうかれこれ半世紀が過ぎようとしているが、初めて小学校の音楽室に足を踏み入れた時、壁に貼ってある西洋人のおじさんたちの肖像画に私は大いなる違和感を抱いたものである。そのおじさんたちの名前は、バッハであり、ベートーベンであり、シューベルトであった。家庭のなかに全くクラシック音楽が存在しなかった私は、小学生の頃から今にいたるまで音楽が不得意である。苦手意識がぬぐえないのである。そして、音楽室の壁に貼ってあるおじさんたちの絵は、ほぼ50年が経った今も基本的に変わってはいない。

1990年代後半から2000年代にかけて、私は母校である東京大学の教育学部で教鞭をとったが、その東大時代に私が最も驚いたことのひとつが、学生たちがピアノやバイオリンを弾ける割合が圧倒的に高かったことである。その割合は、私の勤務する教育学部では、おそらく7〜8割に達していたのではなかろうか。学生たちの多くが、小・中学生時代、塾に通うかたわらピアノやバイオリンを習っていたということであろう。そのような環境は、私が生まれ育った地域にはなかった。もちろん、時代の違いもあるだろうが。

これまで社会学の領域で議論されてきた家庭環境の違いの第一の要素が、上に述べてきたような「文化の違い」であるが、現代の日本で強調されているのが「経済的豊かさの違い」（＝経済資本）である。東大生の保護者の平均年収は１５００万円程度であるという話もあるが、序章で引いたデータでも明らかなように、家庭の経済水準と子どもたちの学力との関連は明らかである。

しかしながら、経済力さえあれば大丈夫かというと、そうとは言えない。「公立学校は質が低いので、私立に行かせる」という親は都市部に多いが、私立に行くことがただちに高い学力の保障につながるかというとそうでもない。また、高い月謝を払って塾に通わせても、必ず学力が向上するというわけではないだろう。経済資本は学力保障のための重要な条件ではあるが、十分条件というわけでは決してない。

第三の要素として、「社会関係資本」（＝つながり）をあげることができる。学力形成に果たす社会関係資本の役割については、次の章でじっくりと考察する予定であるが、ここでは、アメリカのＪ・Ｓ・コールマンの草分け的仕事を紹介しておくことにしたい。

コールマンは、「人的資本の形成に果たす社会関係資本の役割」という有名な論文のなかで、次の世代を育成するうえでの社会関係資本の意義について論陣を張った。具体的には、家庭内およびコミュニティ内での社会関係資本の豊かさが、高校からのドロップアウト率の低さに有意な影響を与えていることをデータによって証明したのである。また別の論文では、親と子の良好なコミュニケーションが、子どもの学力形成に関して積極的な役割を果たしているということを、これも実証データを用いて説得的に主張している。身近な人との親密なつながりや彼らからの心理的サポートが、個人の成長に大きく寄与することが力強く指摘されたのである。

私自身の経験を振り返ってみても、コールマンの見解は基本的に正しいと思える。私は勉強が好きな子どもであったが、それはおそらく勉強好きだった家族の影響が大きかったからである。小学校に途中までしか行っていない祖母は、テレビや新聞を見ながら懸命に字を覚えようとしていた。家庭の事情から新制中学にほとんど通うことができなかった父親は、私の子ども時代、肉体労働を終えたあとに（わが家は小さな材木屋であった）、近所の家で開かれる修養のための勉強会にしょっちゅう参加していた。家族から「勉強しなさい」と言われたことはなかったけれど、家族の背中を見ながら、私は自ら学ぶことの大切さ・尊さを知ったように思う。

逆に言うなら、私の家族が学ぶことの意味を大事に考えない人々から成り立っていたとしたなら、今の私は存在していなかったと言える。ブルデュー的に表現するなら、私が生まれ育った家庭のなかにあった豊富な社会関係資本が、私自身の文化資本の形成に寄与することを通じて、私自身の学力を形づくるうえで大きな役割を果たしたと言いうるのである。

いずれにしても、このコールマンの仕事以来、教育というジャンルのなかで、社会関係資本の果たす意義がさまざまな形で追究されている。「つながり格差」を主題にした本書自体が、そうした試みのなかのひとつであると言える。

ここまで、学力形成に果たす家庭環境の影響について見てきた。ブルデューにならい分析的に言うなら、学力に影響を及ぼす家庭的要素は、その家庭に備わっている経済資本・文化資本・社会関係資本の3つに大別することができる。そのなかでも、私自身は、文化資本および社会関係資本の役割にこだわりたいと思っている。それは、私たち教育関係者は、経済資本に働きかけることは難しいが、文化資本と社会関係資本の蓄積には寄与することができると考えるからである。

ところで、それぞれの家庭が所有する文化資本および社会関係資本の違いが、子どもたちの間の学力格差として現象するのは、ひとえに「学校」という存在があるからである。学校というものがなければ、そもそも「学力」という用語は誕生しなかっただろう。そこで次に、子どもたちの間の「学力をめぐるたたかい」の場となる学校に焦点をあて、学校のどこが学力格差の形成に大きくかかわっているのかという問題について検討を加えることにしよう。

4　学校の問題

学校教育のことを、英語では「スクーリング」(schooling) と呼ぶ場合がある。日本ではスクーリングとは、通信制等の教育プログラムのなかで実際に学校に登校して受ける授業のことを指す場合が多いが、英語ではずっと幅広い内容を指す。すなわち、子どもたちが学校に通うプロセスのなかで身につけるすべてを「スクーリングの効果」という言葉で言い表したりすることがある。例えば、狭い意味での学力（＝点数学力）だけではなく、人間形成の側面にかかわることがらも、あるいは日本では学歴・学校歴という言葉で呼ばれ

（図2－2）教育社会学における学校の捉え方

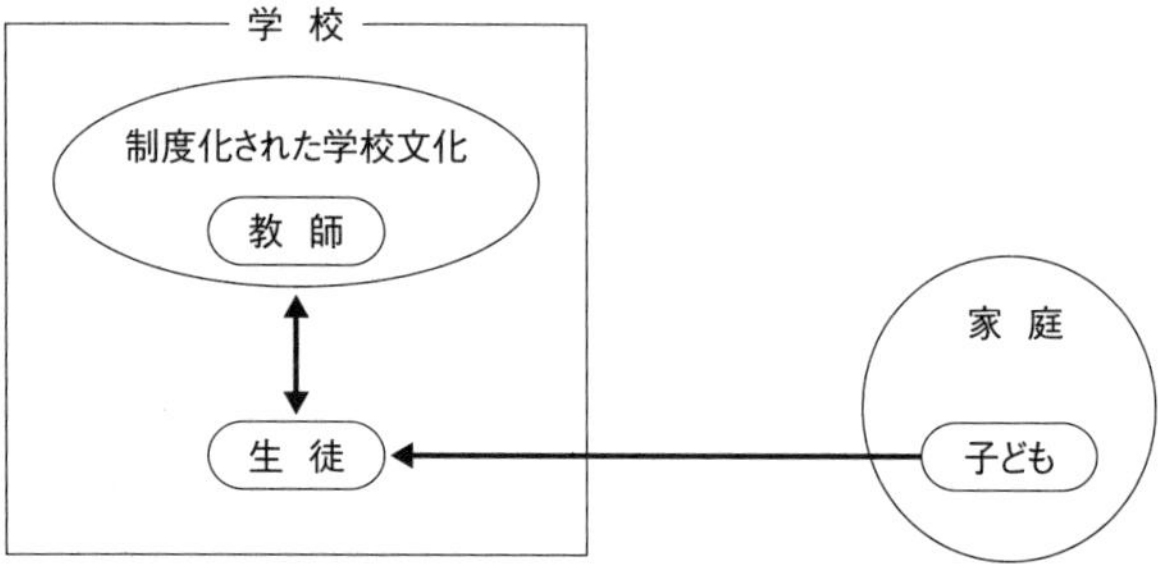

る側面も、すべてスクーリングの効果と表現される。教育社会学は、そのスクーリングのプロセスを、さまざまな概念を用いてこれまで分析・検討してきた。

まず、教育社会学における学校の基本的な捉え方を紹介しておくことにしよう。図2－2をごらんいただきたい。

前節で見たように、さまざまな階層・集団に位置づく家庭のなかで育てられた「子ども」が、ある年齢になると「学校」のなかに入ってくる。その時、彼らに期待されるのが「生徒」になることである（日本では、小学生は「児童」、中高校生は「生徒」、そして大学生は「学生」と呼ばれることになっているが、煩雑なのですべてを「生徒」と表現しておくことにする）。片や、学校という空間のなかに存在する制度化された文化（＝「学校文化」）を体現する存在として「教師」たちがいる。教師と生徒とのかかわりあいが、学校生活の中核をなす。学校文化に規定されながら、教師たちが独自に育む文化を「教師文化」という。また、家庭の文化に影響されながら、子どもたちが学校のなかでつくりあげる特有の文化を「生徒文化」と言ったりする。

学校文化とは、黒板や校舎といった物質的要素、教授・学習の様式や生徒活動といった行動的要素、さらにはカリキュラムや校則といった観念的要素からなると考えられる（『新教育社会学辞典』東洋館出版社、1986年、116頁）。また、日本の教師文化の第一の特徴は、「無限定性」という言葉でこれまで語られてきた（久冨善之『教員文化の社会学的研究』多賀出版、1988年）。教職の無限定性とは、およそ子どもの指導に役立つと思われるすべてが仕事だとみなされるため、日本の教師の仕事はエンドレスになりがちであるという事態を指す。さらに、通常生徒文化は「向学校文化」（＝優等生文化）、「反学校文化」（非行・逸脱型）、「脱学校文化」（遊び・交友型）に分けられるが（『新教育社会学辞典』、1986年、566〜567頁）、近年では典型的な向学校文化や反学校文化は影をひそめるようになり、脱学校文化の比重がどんどん増しつつあると考えられている。

いずれにしても、学校のなかで主導権をもつのは、当然のことながら大人である教師の方である。教師は評価権をもち、目に見える、あるいは目に見えないさまざまなルールで子どもたちをしばろうとする（彼らが、意図するか意図しないかにかかわらず）。それに対して、子どもたちは、学校のなかで「サバイバルゲーム」を展開せざるをえない。教師たちの期待に応え、その場における自らの存在意義を高めるために。そして、子どもたち同士の関係において居場所を確保し、自己の存在感をたしかなものとするために。

学校についての予備的考察はこれぐらいにしよう。以下では、子どもたちの間の学力格差を発生・拡大させる学校的要因として、2つのものにしぼって取り上げることにしたい。「ラベリング」(labelling) と「トラッキング」(tracking) と呼ばれる作用がそれである。これらは、現代社会におけるスクーリングの効果として、これまで重点的に検討されてきた事項である。

まず、ラベリングである。ラベリングとは、「教師の期待による効果」のことである。こういう状況を想定していただきたい。ある男子中学生がいる。彼はある時、ちょっとした出来心で友だちの財布から小銭を盗んでしまうが、それがバレてしまう。教師は彼のことを「問題児」とみなす。そして、次に類似の事件がクラスで起こった時に、教師は彼に対してこう言うのである。「○○、あとで相談室に来なさい。少し話したいことがある……」。嫌疑をかけられた彼は、潔白であるにもかかわらず、次のように言うかもしれない。「俺がやったよ！　そう言えば気がすむんだろ！」

ラベリング理論においては、最初の「出来心」を「一次的逸脱」、教師の働きかけに対する反応の結果として「本当の問題児」になってしまうことを「二次的逸脱」と呼ぶ。最初に貼られたラベル（教師の期待）が、その後の相互作用によって実体化していくことがあるという指摘が、ラベリング説の「肝」である。皆さんにも思い当たるふしがあるのではないだろうか。

学力について考えるなら、次のような事例がありうる。ある少女がいる。彼女は引っ込み思案で、学校の勉強についても自信がなかった。しかしある時、運動会でがんばった思い出を書いた作文が、市のコンクールで入賞し、教師や親からたいそうほめられた。彼女は、作文が上手な子として認められたのである。その後の、彼女の学力の伸びは著しかった。国語のみならず、すべての教科の成績が向上し、年度最後の修了式の際には、担任の先生から「今年一年で最も伸びたのは○○さんです。すばらしい！」という賞賛を得ることができたのであった。これがラベリングの効果である。そして、この事例は、私の身近に実際に起こったことをもとにしたストーリーである。

この事例のように、ラベリングの「正の効果」（ポジティブなラベルがよい結果を生み出すこと）を、教育学の領域では、「ピグマリオン効果」と呼ぶことがある。ピグマリオンとは、ギリシャ神話に出てくる若い王様のことである。彼は、象牙でつくられた女性の胸像に魅入られてしまう。彼の思いがあまりに強かったため、最終的に美の神アフロディーテが生命を吹き込み、その胸像が人間となり、彼の妻となったという話である。「思いは実る」「意志ある所に道はできる」といったところか。教育の世界においても、生徒たちに対する教師の高い期待は思わぬ成果を生み出すことがありうることは容易に想像できることである。また逆に、教師や親の低い期待や「無視」が、子どもたちの成長を大きく阻害することもままある。ラベリング説が唱えるのは、「大人の期待が、子どものなかに実現すること」の可能性ないしは危険性である。

次に、トラッキングという見方について考えてみよう。これは、対人的な相互作用というミクロな現象を扱うラベリング理論とは異なり、学校の制度や組織というマクロ・ミドルレベルの事象に対して用いる概念である。

トラッキングの「トラック」とは、たとえば陸上競技場のトラック、すなわち「走路」のことである。あるいはレコードやCDで「データが線状に記録される部分」を指す。陸上競技場の方がわかりやすいだろう。100メートルや400メートルの競走をする時、走者たちは自分のトラックを走ることになっており、他の走路を走ることができない。走れば失格である。教育社会学者は、教育システムのなかにおいて、学校間あるいは学校内で同様の「トラック」が存在しているのではないかと考えた。

学校間でのトラックとは、高校のことを思い浮かべていただければよい。日本の子どもたちは中学校での進路指導を経て、さまざまな高校へと進路を選び取っていくわけだが、それぞれの高校は独自の校風とその高校に応じた進路を歴史的に有するようになっており、それがトラックとして機能するというわけである。たとえば、進学校に進んだら、入学時点から偏差値の高い大学に進学するために一生懸命に勉強しなければならないとか、地元の高校に進学してみたら、先輩たちは思いのほかのんびりしていて遊びやバイト中心の高校生活を送るようになったとか。たまたま進んだ先が、異なる将来・進路に通じているという事態はよくあることである。ちょっとしたきっかけでA校ではなくB校に進んだら、A校に進んだ場合と比べて異質な学校体験と異なる進路が用意されているのである。それが、「トラッキングシステムとしての高校システム」である。

学校内でのトラックというのも、高校のことを考えればわかりやすいだろう。私の通った高校には、「教養コース」と「普通コース」と「錬成コース」という3つのコースがあった。教養コースとは、高卒後就職する生徒たちのためのコース、錬成コースとは難関大学をめざすコース、そして普通コースはそれ以外の生徒が所属するコースである。普通コースに入った私は、2年生に上がる前にある教師に呼ばれ、錬成コースへの転科をすすめられた。それに応じた私は2年間受験勉強をし、東京大学文科3類に進学することができた。私の高校ができて以来、２人めという快挙（学校側から見て）であった。もしあの時私が転科していなければ、私は地元関西の大学に進学し、おそらく中学校か高校の教員になっていたのではないかと思う。学校内のトラッキングシステムが、私の進路、そして人生を大きく変えたのである。

そのような経験があるために、トラッキングシステムとしての学校システムという見方は、私にとって大変リアルである。皆さんはどうお感じになるだろうか。アメリカの人類学者T・ローレンは、かつて日本の高校システムを「巨大な操車場」にたとえた（T・ローレン『日本の高校』サイマル出版会、１９８３年）。多数の生徒たちを、基本的にその学力に応じてさまざまな高校に振り分け、異なる進路を割り当てる役割を果たしていると捉えたのである。きわめて的を射た比喩だと言えないだろうか。それから30年ほどが経過したが、日本の高校が果たしている役割は、依然としてほとんど変わらないと私は思う。

ミクロな視点に立つラベリングの見方、そしてマクロな視点に立つトラッキングの見方。そのフォーカスは対照的ではあるが、いずれにも共通しているのは、学校が子どもたちを「差異的に処遇している」という事実である。「差異的に処遇」というと硬い言い方になるが、要するに学校は、子どもたちに対してイコールに接していないということである。ただし厄介なのは、ほとんどの場合、学校・教師は意図的に子どもたちを「差別的に扱っている」わけではないということである。「平等に扱っている」ように思いながら、実は、結果として、無意図的に彼らを差異的に処遇しているのである。それが、ここでの議論のポイントである。

言葉を換えると、次のようになるだろう。学校には、「ゲームのルール」がある。教師たちはそれを、抜きがたく自らの心と体に内面化している。彼らは明確に意図して、子どもたちにラベルを貼っているわけではない。また彼らは、十分に意識してトラックへの振り分けを行っているわけでもない。しかし、学校というゲームのルールは、子どもたちにとっては時に非情である。知らず知らずのうちに、子どもたちはつらい立場に追いやられたり、行き止まりのような状況に置き去りにされたりするのである。もちろん、それらとは逆に、学校は思わぬ幸運を子どもにもたらしたり、素敵なプレゼントを与えたりすることもあるのだが。

問題は、そうしたハードラック（きびしい運命）やグッドラック（僥倖）は、どうやらランダムに一人ひとりの子どもにもたらされるわけではないということである。そこにかかわっているのは、社会の階層構造や種々の社会的不平等である。学校に対してアドバンテージをもって接することができる層と、そうではない層が社会のなかには存在している。

それが、社会学の見方である。

5 社会構造の問題

そもそも家庭や学校は社会のなかにある。言うまでもないことである。関西に生まれた子は関西弁を身につける。学校に通いはじめた子どもたちは、文科省が定めたカリキュラにしたがった授業を受ける。それは自明のことである。それぞれの社会には社会のあり方がある。学校教育は、それを受けて展開することになる。

もしＮＨＫのアナウンサーのような話し方（＝精密コード）ではなく、吉本の芸人のような言葉のやりとりが正当とみなされるような学校であれば、あるいは、西洋のクラシック音楽（＝現代において価値あるとみなされる文化資本）ではなく、カラオケが音楽の授業の主流になるようなカリキュラムであれば、子どもたちの成績の序列は、今とはいささか変わってくることになるだろう。現在のような官公庁や大企業につとめる親をもつ子どもたちが、少なくとも学力面において幅を利かせるという事態は消失してしまうかもしれない。お笑い芸人のような子ども、カラオケ名人のような子どもが生徒会長になるような学校……。発想としてはおもしろいが、しかしながらそうした事態を想定することはやはり現実的ではない。なぜなら、今日の社会においても、その秩序の上層を占めるのは、よいか悪いかは別として、やはり官公庁や大企業なのであり、芸能界やスポーツ界ではないからである。

社会には支配層と被支配層が存在する。封建社会でなくとも、社会主義社会でなくとも、そうした現実は変わらない。そして、経済的・文化的・社会関係的アドバンテージを有する前者は学校教育のメリットを享受することができ、反対に後者はさまざまな障害物やバリアに出会うことになるのである。支配層・被支配層という言葉は、強すぎると思われる方がおられるかもしれない。であるなら、次のように言い換えることもできる。すなわち、世の中は「恵まれた人たち」と「恵まれない人たち」から成り立っており、前者は学校を上手に利用し、後者はそうではないと。

アメリカの教育人類学者J・オグブの議論を紹介しておくことにしよう（J.U. Ogbu. *Minority Education and Caste*, Academic Press, 1978）。ナイジェリア出身のオグブは、アメリカの大学に留学し、その後長年にわたってカリフォルニア大学で教鞭をとった教育者である。彼は、アメリカを代表するマイノリティグループである黒人と学校教育との関係について、長く研究を続けてきた。最もよく知られた氏の概念が、「ジョブシーリング」というものである。

「シーリング」という英語は直訳すると「天井」である。ジョブシーリングとは、アメリカの黒人たちが就業の際、あるいは昇進の際に遭遇する「見えない天井」のことである。今日では若干事情は変わってきているのかもしれないが、当時のアメリカでは、黒人に対する差別の「見えないカベ」が厳然として存在していたようだ。オグブは、「グラスシーリング」（＝ガラスの天井）という言葉を用いることもあった。要するに、社会構造のなかに黒人差別のための仕組みが埋め込まれているというのである。公式には、あるいは法的には、すでに黒人に対する差別は撤廃されているはずだが、人々の意識のなかに、あるいはそれを具現化する社会制度や個々の組織のあり方にそれは厳然と残っている。それが証拠に、同じ学力や資格をもつ白人と黒人がある仕事にアプライした際に、非常に高い確率で白人の方が採用されるという事情が当時のアメリカ社会にはあったようだ。

そのような状況がある時、人は「あきらめ」に似た感情をもつ。「どうせがんばっても仕方がない」「いくらやっても結果は同じだ」。見えない差別のカベが、公的な制度に対する無力感をもたらすと、オグブは議論する。黒人の子どもたちが学校という制度に対してもつ基本的スタンスは、そのようなものだと氏は言う。先に見たラリューの議論では、労働者階級・貧困層の親は公的機関や制度に対して「お任せ」の態度をとるということであったが、オグブの議論では、一歩進んで「敵意」がそこに存在するという論調となっている。それが子どもたちにも伝播し、彼らは反学校的文化に傾倒していくというのである。

オグブはまた、「コミュニティの力」あるいは「ロールモデルの役割」を重視する。前者は、ある地域に住む特定のエスニック集団の文化が発揮する力を、後者は、そのなかで活躍している具体的な大人の存在が子どもに与える影響力をそれぞれ意味する。簡単な話である。ある集団のなかで生まれ育った者は、その集団が有する価値観や生活様式にしたがって生活するようになるということ。そして、新しい世代は、コミュニティのなかで主導的な役割を果たしている大人のようになりたいと願い、自己を形成していくこと。たとえは適切ではないかもしれないが、マフィアの家に生まれ落ちた子どもは、その掟と人間関係の影響を色濃く受けながら大人になっていくということを、オグブは言いたいのだと思う。

オグブにとっての実践的な課題は、黒人コミュニティがもっと学校教育を大事に考えるような価値観を有するものになること、そしてそのコミュニティが子どもたちのよきモデルとなる人物を輩出することであった。そのためには、もちろん黒人たちの自覚が大切であるが、それだけでは不十分である。黒人に対する構造的差別が、実質的に撤廃されなければならない。ラベリング理論が明らかにしたのは、個人間での相互作用がもつ教育的可能性の大きさであったが、オグブが問題視したのは、社会全体の構造の方であった。職業上の、あるいはその他の差別的な構造を改善・改革していくことなしに、黒人たちの解放はなしえない。そうした社会学的現実を、オグブは私たちに提示してくれている。

学力格差の問題に戻ろう。オグブの説が興味深いのは、マイノリティグループである黒人の「気持ち」の部分に迫っている点である。制度に対する「あきらめ」という要素が鍵である。人間は、「がんばったら何とかなる」という状況ではがんばることができる。しかしながら、「どうやってもムダ」だと感じる局面では、あえてがんばることはない。学校の学習も同じである。小学校低学年の時期ならいざ知らず、学年が上がるにつれて学校の勉強は難しくなってくる。中学校、高校ともなると、なおさらである。では、なぜ私たちは勉強するのか。勉強すること自体が楽しくて仕方がないという例外的な人間もいるだろうが、通常は「よい点をとってほめられたいため」、あるいは「ライバルよりいい成績をとるため」、あるいは「試験に合格するため」といった理由から、私たちはがんばって勉強する。時には睡眠時間を削り、時には彼氏・彼女と楽しい時を過ごすことを犠牲にして。それは、がんばれば何らかのリターンがあると考えるからである。

オグブが強調するのは、世の中には、「社会がそうなっているために、がんばることをあきらめてしまっている人たちがいる」という事実である。学力格差を生じさせているのは、断じて個人の資質や能力だけではない。社会のあり方や仕組みが、個人のものの見方や考え方を左右することによって、結果的に大きな学力格差を人々の間につくり出しているのである。

6　学力にかかわる「心」の部分

本章では、バーンステインやブルデューやオグブらの議論を手がかりに、学力格差を生み出す要因について、家庭・学校・社会の順に見てきた。そのうえで、本書の今後の議論につながる指摘を、4点に分けて整理しておきたい。

第一に、学力格差を生み出す要因の複合性について。学力格差を生み出す要因は、ここにあげた以外のものも含めて大小さまざまに指摘することが可能だが、高学力あるいは低学力を生み出す要因はなにかひとつのものに還元できるというものではない。そうではなく、諸要因がさまざまにからまりあって、現状の子どもたちの間の学力格差が導き出されている。換言するなら、ある子の現在の学力の状況は、彼・彼女をとりまく家庭・学校・社会的要因の、過去から現在にいたる複雑なからみあいの結果としてつくり出されているのである。

第二に、学力格差の背後にある階層的・集団的要因の重要性について。3節で見たように、現代においては、出身階層・集団にもとづく家庭環境の違いは学力格差を生み出す最大の要因であると言ってよい。また4節では、学校が果たしている作用としてラベリングとトラッキングの2つをあげた。そこでは強調しなかったが、実はこれまでの教育社会学的研究の蓄積によると、教師たちのラベリングには子どもたちの出自が色濃く影響を与えているとか、さまざまな教育トラックへの配分には階層的背景が大きく寄与しているなどという指摘がなされている。簡単に言うなら、黒人の子どもたちにはネガティブなラベルが貼られやすいとか、就職トラックには労働者階級の生徒が振り分けられやすいといった話である。5節で紹介したオグブの理論は、まさに黒人であることの教育上の不利益に諸点を当てたものであった。この問題（＝家庭環境の格差）をいかに改善していくかが、学力格差克服の最大の鍵となるであろう。

第三に、学力格差をもたらす心理的プロセスへの着目である。限定コードで話す子どもは精密コードで話す教師に心理的距離を感じることであろう。それが、学校で勉強することに対する苦手意識や忌避感を大きくさせるかもしれない。トラッキングで非進学クラスあるいは非進学校へ振り分けられた生徒たちは、遊び・交友的な生徒文化に接近し、学校でまじめに勉強することに対する価値を感じなくなるかもしれない。そしてオグブの言うように、学校という制度に対して「あきらめ」感をいだくようになった黒人の青年たちは、急速に学校の勉強に関心を示さなくなっていくだろう。これらすべての議論は、環境的要因が子どもの側にある種の心理的メカニズムを引き起こすことによって、学校文化からの離脱が促進されるという事態に注目している。

そして第四に、学力格差を是正するうえでの人間関係の積極的意義である。上の議論にいずれもかかわっているのが学校教師である。限定コードしか操れない子どもの家庭背景を教師が理解し、適切な指導を行えば事態は改善するかもしれない。非進学クラスに入った生徒に対しても教師が積極的な期待をかけ、エネルギーを注ぎ込めば、彼・彼女は難関校を突破できるかもしれない。そして、黒人青年の周囲にいる教師が「がんばれば道は開ける」ということを身をもって示せば、彼・彼女の学校学習に対するモチベーションは回復し、違った進路・展望が眼前に広がってくるだろう。教師だけではない。親や地域の人々、クラスメートや先輩後輩、その他の周囲の人々との関係が、子どもたちの学習に対するモチベーションを引き上げたり、引き下げたりすることによって、学力形成に多大な影響を及ぼす。本章の主題である「つながり格差」が問題にしているのは、まさにこの点である。

それぞれの家庭には、そしてそこに生まれ育っている個々の子どもには、自らが所有する「もの」がある。英語で言うと「リソース」（resources）ということになるが、そのなかには、資質や能力、価値観や教育観、学歴や教育資格、お金や財産、人間関係やコネなどさまざまなものが含まれる。先にも述べたように、ブルデューはそれを「経済資本」「文化資本」「社会関係資本」という3つのものに整理した。

その外側に、特定の形をもつ「社会」がある。そして、その社会の一部としての「学校」がある。子ども（家庭）と学校（社会）が出会って、そこに「結果」が生じる。その結果の主要なものが「学力（あるいは学力格差）」であると考えていただければよい。

再び、サッカーにたとえてみよう。

サッカーの世界には、サッカーという「ゲームのルール」があり、その頂点にはワールドカップというものがある。小学校低学年の子どもたちにサッカーをやらせてみると、明らかに「上手な子」と「へたな子」がいる。すでにサッカーを習っている子どもたちのなかには上手な子が多いが、習っていない子のなかにも上手な子がいる。いわゆる運動神経のよい子である。そして、へたな子のなかにも、すでにサッカーを習っている子がいたりする。さまざまである。

小学校高学年や中学生になると、「上をめざす子」と「めざさない子」に分かれてくる。「上をめざす子」とは、クラブチームに入って本格的にサッカーをやろうとする子やJリーグの下部組織をめざす子である。彼らの大部分は、将来はJリーガーになりたい、ワールドカップに出たいという夢を有していることであろう。そのような状況のなかで、「取り立てられる子」と「取り立てられない子」が出てくる。前者は、指導者に認められて、市や地域の代表選手やJリーグ下部組織のユースチームに入ったりする子である。一方後者は、セレクションの際にいいところが見せられなかったり、運悪く試合のときに病気やケガで出られなかったりと、幸運に恵まれない子である。

そして10代後半から20代にかけて、「一流になる者」と「脱落していく者」の分化が生じる。Jリーガーになれる者となれない者、Jリーグでレギュラーを張れる者と2～3年で辞めていく者、引退後サッカー界で食べていける者と第二のキャリアを見出せずに沈んでいく者……。

私は「お父さんコーチ」として少年サッカーに熱を入れていた時期があるが、個々の子どものその後を追ってみると、もともと持っているものには大きな違いはなかったように見えるけれども、選手として大成した若者と「消えていった」者がいるということに、ある種の感慨をおぼえる。どのような指導者に恵まれたかとか、どのようなチームのなかでプレーする経験を得たかといった環境的要因の違いが、彼のキャリアに決定的な影響を与えたに違いない。より正確に言うなら、環境が提示するものを彼自身がどのように受け止め、それに対していかに主体的・継続的に対応しようとしたかが、ポイントとなっているのであろう。名選手は才能だけで生まれるものではない。その才能をうまく引き出す環境が与えられてこそ、さらにその環境が提供するものを上手に摂取し、自己の成長に役立てることができた者こそ、名選手と呼ばれる存在となりうる。

学力形成のプロセスも、全く同じように考えることができると思うのである。

本章の冒頭に、遺伝ではなく、重要なのは環境だと言った。それに付け足して、次のように言っておこう。重要なのは、環境それ自体ではない。環境を個人がどのように受け止め、それにいかに主体的に対応するか。問題の焦点は、そこにある。

「学力の樹」の要素のひとつに根っこがある。本章の結論は、根っここそが最も大事だということである。通常学力というと、テストで測定できるA学力（葉っぱ学力）とB学力（幹学力）が想定され、それをめぐって議論がたたかわされる。大阪では、テストの点数

（AとB）をあげるために、ドリル学習や土曜日の補習が重点的に取り組まれてきた経緯がある。それが全く間違いだったというわけではないが、明らかにそれでは足りないと私は考える。問題はC学力（根っこ学力）である。根っこ学力のなかにはさまざまなものが含まれうるが、本章では当面「学習に対するモチベーション」の重要性を指摘しておきたい。

遺伝的にサッカーの能力に恵まれた人間はおそらく世界で何十万人といるだろうが、その能力はサッカー選手になるためのただ一つの必要条件にすぎない。プロサッカー選手になるためには、さまざまな環境的アドバンテージや幸運、そして何よりも「選手になりたい」という強く、継続的な意思が必要である。「サッカーに対するモチベーション」が続かないと、決してプロ選手にはなれない。成長するためには、強靭な根っこが必要である。

学力についても同様である。「学校の勉強に対して継続的に努力する」というモチベーションが続かなければ、その子の学力はやがて低下していくことになる。先にも述べたように、モチベーションの源はさまざまであろう。「勉強をしっかりしないとお母さんに叱られる」「勉強をして立派な大人になりたい」「いい点をとって家の人から小づかいをもらいたい」「外国旅行で困らないために英語をマスターしよう」「第一志望の学校に合格したい」「あこがれの職業につくために猛勉強するぞ」「人間の真理に近づきたい」などなど。

一般的には、学力格差というと、「知識が多いか、少ないか」「あることがらを理解できているか、できていないか」といった知的な側面が想定されるが、私はそれと同じぐらい、「やる気があるか、ないか」「継続的に努力をし続けるか、それを放棄しているか」といったメンタルな部分（＝心にかかわる部分）がそれに関与していると思う。

学力形成には、「頭」だけではなく、「心」が大きくかかわっているのである。

3章 「つながり格差」の主張

——社会関係資本と学力

本章では、序章で簡単に紹介した「つながり格差」が学力にもたらす影響について、いくつかの量的な調査や各地域への訪問調査によって得られたデータをもとに、よりつっこんだ議論を展開してみようと思う。

また章の後半には、本書のキーワードである「つながり」に近い概念として社会科学の諸分野で用いられはじめている「社会関係資本」(social capital) の考え方を改めて導入し、子どもたちの学力格差をいかに克服するかという課題について理論的な検討を行うことにしたい。

1 「つながり格差」をどう導き出したか

序章で記したように、「つながり格差」という仮説は、2007年に実施された平成の学力テストの都道府県別の結果を、半世紀ほど前に実施されていた全国テストの結果(具体的には1964年のもの)と比較する作業を行っていた際に見出されたものである。

それを導き出すにいたった具体的なデータや分析のプロセスについては、すでに他の場所（志水宏吉・高田一宏編著、『学力政策の比較社会学【国内編】』明石書店、2012年）でまとめているのでぜひそちらを参照していただきたい。ここでは、細かいデータを再掲することはせずに、考え方の筋道のみを改めてたどっておくことにしよう。

1章でも述べたように、1950年代後半から70年代初頭にかけての高度経済成長期に問題とされていたのは、子どもたちの学力の地域間格差の問題であった。要するに「都会の子ども」と「いなかの子ども」との間には、大きな学力格差があったわけである。それを、私たちの先輩の教育社会学者たちは、「都鄙格差」という言葉で言い表していた。経済的・文化的に豊かな大都市部の子どもたちの成績は押しなべて高く、そうではない地方、具体的には農漁山村の子どもたちの成績はあまりふるわなかったのである。

高度経済成長は、地方から都会への人口の大移動をもたらし、日本の風景を変えた。さらに、それに続く安定成長期には、日本は成熟社会としての顔を備えるようになり、驚くほどに地方と都市部との生活環境の格差は縮小した。そして2010年代の現在、日本の子どもたちは、全国どこにいても似たような生活・文化・情報環境のなかで過ごすようになってきていると言える。これは、あくまでも過去との対比で言えば、ということであるが。

さて、1964年と2007年とで、小・中学生の点数学力に関して、都道府県間の序列が大きく変わったことは序章（図序－1）で見た通りである。端的に言うと、50年の間に、秋田が最下位グループからトップに躍り出た。そして、それとは対照的に、大阪が上位グループから最下位グループに転落した。それらを含めて、きわめて大きな変化が生じていた。今日では、日本海側の各県の成績が良好であるという、かつてとは反対のパターンが観察されるとさえ言いうる。

その原因を探ろうと、あれやこれや分析を行っているなかで、「離婚率」「持ち家率」「不登校率」という3つの指標が、現代の子どもたちの学力と強く相関しているという事実が浮かび上がってきたのであった。各県の「生活保護率」や「大学進学率」といった指標は、かつても今も学力との相関がかなり高い指標である。しかしながら、「離婚率」「持ち家率」「不登校率」の三者は、1964年の時点ではほとんど影響力がなかったのに、2007年ではがぜんその影響力が高まっていた。なぜだろう。そこで生み出されたのが、「つながり格差」という考え方である。序章の図2（18頁）で示したように、これら3つの指標はそれぞれ、家庭・地域・学校と子どもたちのつながりの豊かさ（逆に言うなら、そのゆらぎ）を指すものと考えた。

1964年といえば、東京オリンピックが開催された年である。日本は、高度経済成長の真っただ中にあった。映画『ALWAYS三丁目の夕日'64』に描かれているように、たとえ東京のど真ん中であっても、そこには厚い人情と濃密な人間関係があった。日本中どこででも、家庭・地域・学校における「つながり」は押しなべて豊かなものであっただろう。それがゆえに、「つながり」が学力に影響を与えるという今日的事態は、いまだ顕在化しえなかった。経済的・文化的な豊かさ（貧しさ）が学力形成にダイレクトにつながってくるという、わかりやすい形が支配的だったのである。

今日、事情は大きく変わった。おそらく持ち家率の高さという指標が、最もよくそうした伝統的な人間関係のつながりが豊かなまま維持されているかどうかを表示しているのではないか。「つながり格差」仮説を導き出した分析を行っていた時点（２００９年頃）で調べてみると、持ち家率は富山・秋田・福井の順に高かった。順番こそ違え、この3県の並びは学力ベスト3と同一である。それが、偶然であろうはずがない。持ち家率の高さと学力水準の高さは、がっちりと手を携えあっているように見える。

離婚率は家族とのつながりのゆらぎ・くずれを、同じく不登校率は学校・教師とのつながりのゆらぎ・くずれをそれぞれ表示していることは、言をまたないであろう。離婚率が高い地域では、家族関係にひびが入り、子どもたちの家庭生活は不安定になりがちである。また不登校率が高い地域では、学校・教師の権威が相対化され、学校での学習をきわめて手段的に捉える子どもが多く存在することだろう。要するに、学習にしっかりと取り組まない・取り組めない子が増えるということである。

伝統的な人間関係が存続している地域（＝「つながり」が豊かなままにキープされている地域）では、小・中学生の学力は押しなべて高い。それに対して、「持ち家率」が低く、「離婚率」や「不登校率」が高い地域（＝「つながり」が大きくゆらいでいるように思われる地域）では、そうではない事態、すなわち学力格差の増大という事態が進行している。

このように描かれる「つながり格差」のイメージは、いまだ仮説にとどまっているものの、関西の学校現場からは絶大な「支持」を得ているのが現状である。「そうだ、その通りだと感じる」という教師の声が圧倒的なのである。

2　もうひとつの調査から

さて、これまで述べてきた「つながり格差」は、都道府県別に見た場合の話であった。分析・考察の対象が、都道府県という大きなユニットとなっている。私たちの言葉で言うなら、これは「マクロな視点」に立ったうえでの話である。それに対して、「ミクロな視点」に立った場合に、事態はどのように捉えることができるだろうか。すなわち、分析のユニットを、個々の家庭あるいは個々の子どもとした場合に、どのようなイメージが浮かび上がってくるだろうか。事態をより細かく見てみようというわけである。それを確かめるために行ったのが、別の調査にもとづく以下の分析である。なお、以下に展開する議論も、前にあげた志水・高田『学力政策の比較社会学【国内編】』の第2章に掲載されているので、詳しい内容を知りたいと思う方々はぜひそちらも参照していただきたい。

ここで紹介するのは、2008年度に実施した、5つの政令指定都市の小学校100校の6年生とその保護者を対象としたものである。調査のコンセプトは、家庭環境と学力との関係を詳しく見るということにあった。この調査では、子どもと保護者に対するアンケート調査を実施し、そのデータを対象児童たちの全国学力テストの結果と接合するという工夫を試みた。そのことによって、子どもたち一人ひとりの家庭環境と彼らの学習状況や学力実態を関連づけて検討することが可能となった。

私たちは、家庭環境を、ブルデューにならって「経済資本」「文化資本」「社会関係資本」という3つのカテゴリーに分けて捉えることにした。具体的な指標の取り方は、以下の通りである。まず、経済資本については、「世帯収入」をカテゴリー化して用いた。文化資本については、保護者の学歴と文化的活動とから指標化した。そして「社会関係資本

（表３－１）社会関係資本を構成する質問項目

保護者の社会関係資本
配偶者（事実婚を含む）との間で、子育てや子どもの教育についてよく話をする。
子育てや教育についての悩みを相談できる親戚がいる。
学校での行事（体育祭・学芸会など）にお子様と一緒に参加したり、活動したりする
PTA 活動に取り組んでいる
自治会・町会・子ども会・青少年健全育成などの地域活動に取り組んでいる
身近に子どもを預かってくれる人がいる

子どもの社会関係資本
家の人と学校での出来事について話をする
家の人とふだん（月曜日から金曜日）、夕食をいっしょに食べる
学校で友達に会うのは楽しい
友達との約束を守っている
住んでいる地域の行事に参加している
今住んでいる地域の歴史や自然について関心がある

（出典）志水宏吉他「社会関係資本と学力－『つながり格差』仮説の再検討」、志水編『学力向上策の比較社会学的研究－平成 22 年度都道府県現地調査のまとめ』日本学術振興会科学研究費報告書、2011 年、63 頁

（＝つながり）」については、表３－１に並べた質問項目から合成変数を作成した。

出てきた主要な結果を整理したものが、図３－１である。図には、４つの要因（経済資本・文化資本・親の社会関係資本・子どもの社会関係資本）が子どもたちの学力にどの程度寄与しているかが表示されている。図中の数値が大きいほど（＝矢印が太いほど）、その要因が寄与する部分は大きいということを意味している。

まず見ていただきたいのは、中央の「子どもの社会関係資本」に入っている３本の矢印である。「子どもの社会関係資本」に大きくかかわっているのは「親の社会関係資本」で、「文化資本」がそれに続くが、「経済資本」との相関関係

（図３－１）家庭の諸資源と子どもの学力

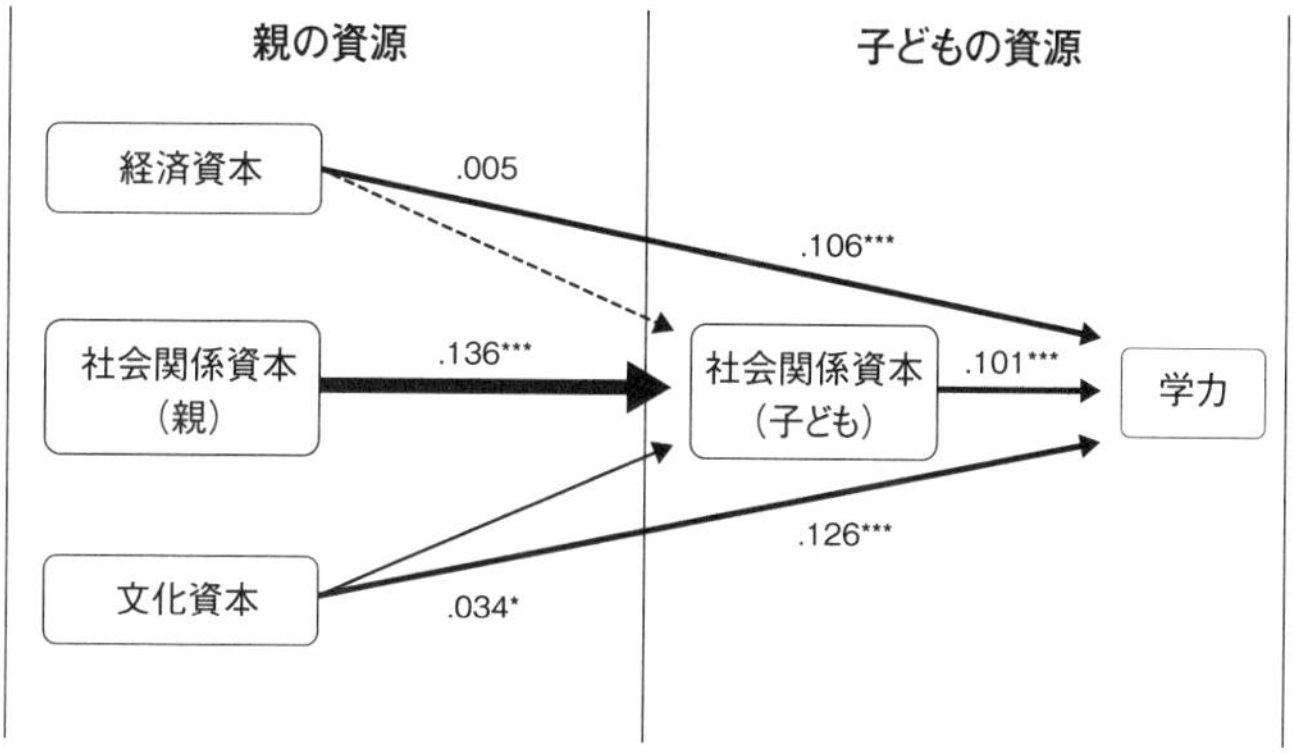

（出典）志水他、前掲書、69頁および72頁の図より作成

はほぼないというのが、その結果となっている。「親の社会関係資本」が「子どもの社会関係資本」と強く相関しているのは、ある意味当然だと解釈できる。「つきあいの多い親の子どもは、人間関係が豊かになる傾向が強い」ということだから。

注目すべきは、経済資本と子どもの社会関係資本とが関連がない（＝無相関である）という事実である。これは、欧米での研究によって形成された私たちの「常識」をくつがえす結果となっている。すなわち、欧米の研究では、「家の暮らし向きは子どもの人間関係に大きな影響を与える」（＝豊かな家の子ほど人間関係が豊かなもの）ということが通説となっているため、私たちもこれまでそのように想定してきた。しかし今回の調査によると、現在日本の都市部（政令指定都市）では、家庭の経済力と子どもの「つながり」とは関係しないという結果となった。これは、私たち研究者にとっては大変興味深い。この結果から、家庭の経済をうんぬんしなくても、「つながり」を増やしていくことは十分可能であることが示唆されるからである。

次に、右端の学力に入る3本の矢印を見ていただこう。注目されるのは、3つの数値がほぼ等しい値をとり、いずれも「統計的に有意」という結果が出ていることである。これは、「3つの要因がいずれも、独立して子どもの学力にポジティブな影響を与えていること」を意味する。わかりやすく言うなら、次のようになる。

まず、経済資本から学力に入っている一番上の矢印。それが意味するのは、家庭の経済状況はやはり子どもたちの学力に大きな影響を与えているということである。2009年に、この事実をはじめて正式に文科省が認めた際に引用したデータは、実は私たちのこの調査からであった。

次に、文化資本から学力に入る一番下の矢印。これが示しているのは、親の学歴の高さや文化的活動に携わる度合いが子どもの学力形成に大きくかかわっているという事実である。学力に入っている3つの矢印のなかでは、数値が最も高くなっている（0・126）のがこの文化資本である。

最後に、最も注目していただきたいのが、子どもの社会資本から学力に入っている、真ん中の短い矢印である。他の2本と同じ程度の数値（0・101）が示されており、経済資本や文化資本と同様に、学力に対して独立したプラスの影響力を与えていることがわかる。言い換えるなら、以下のようなことである。すなわち、たとえ家庭が経済的に豊かでなくても、保護者の学歴が高くなくても、子どもを取り巻く家庭・学校・地域での人間関係が豊かなものになっていれば、その子の学力はかなりの程度高いものとなる可能性が強いということである。

表3－1に示されているように、本調査では、親と子の社会関係資本は、それぞれ6つの質問項目の合成変数として作成した。親の方は、「配偶者との間で、子育てや子どもの教育についてよく話をする」「PTA活動に取り組んでいる」「身近に子どもを預かってくれる人がいる」等、家庭・学校・地域での人間関係を表示する項目から成り立っている。子どもの方も同様に、「家の人と学校での出来事について話をする」「学校で友達と会うのは楽しい」「住んでいる地域の行事に参加している」などの項目から、家庭・学校・地域での「つながり」の豊かさを構成するような項目を選んだ。

当然のように、こうした調査の結果は、そもそもどのような調査項目を設定するかに依存するため、別の項目を選んで「社会関係資本」概念をつくったとしたら、別の結果、すなわち「社会関係資本と学力にはさしたる相関はない」といった結果が出てくる可能性もないではない。ただし今回のこの結果から、私たちは社会関係資本と学力との間にはかなりの関連性があるだろうことを確信している。そのことは、私たちがこれまで訪問してきたいくつもの地域の様子からも明らかであるように思われるからだ。

3 秋田・福井の子はなぜできるのか？

数年前に秋田のある町を訪れた時、ある保護者は、秋田の子どもたちの高学力の背景には「ふれあい」があると指摘してくれた。地域・学校・家庭のつながりのなかで、「子どもたちが安心感・安堵感をもって生活している」。祭りや共同作業における地域の人々との「ふれあい」、農業や三世代同居やスポーツを通じての家族との「ふれあい」、そして豊かな自然との「ふれあい」。地域における顔の見える関係や豊かな親子の対話が、子どもたちの安定した暮らしにつながっているようであった。

そうした社会的背景のもとで、秋田の子どもたちはすこぶるまじめに学校での勉強に取り組んでいた。忘れられないのは、それも何年か前に、大阪の先生方とある中学校を訪問させてもらった時のことである。私たちが学校に着いた時、ちょうど昼休みのそうじの真っ最中であった。新しくできた立派な校舎の木製の床や壁面を、生徒たちが熱心に雑巾がけしている姿がとても印象的であった。校長先生の部屋でその後談笑している時、大阪のある先生が質問をした。「そうじをさぼる子には、どのような指導をしておられるんですか?」間髪を入れずに教頭先生がこう答えた。「えっ、大阪にはそうじをさぼる子がいるんですか?!」文字通り目が点になったのは、私たち大阪から来た面々であった。

秋田では、授業を見学するのが楽しい。小学校だけでなく、中学校においても、「教え込み」中心の授業が少なく、「学び合い」や「対話」が重視される協働学習が積極的に推進されている。一コマの授業を通じて、子どもたちの頭と身体がフル回転している様子がよくわかるような仕立てとなっている。秋田では、全国学力テストのA問題のみならず、B問題の得点水準も大変高いが、その秘訣は間違いなく「思考力・判断力・表現力」を問うB問題に対応した授業が展開されていることにある。

福井においても、地域・家庭の状況は、秋田と共通している部分が大きい。歴史的に見ると、学力下位からトップに躍り出た秋田とは異なり、福井は以前から今にいたるまで学力上位をキープしており、教育県としての自負も強いように見受けられる。主観的な印象にとどまるが、「授業の力」でB学力を伸ばしている秋田とは対照的に、福井では、そのベースになる「学習規律の徹底」と「何事にもがんばる精神の育成」を通じて、結果的に高学力の水準を維持しているように見受けられる。教育社会学的に言うなら、学校文化のなかにいい意味での「きびしさ」が充満しているように見受けられるのである。

たとえば、そうじである。私がこれまで訪問した福井の小・中学校では例外なく「無言清掃」というものが行われていた。一分間の黙想のあと、15分程度「無言」での清掃が行われる。その際の中心となるのが、先にも出てきた「雑巾がけ」である。大阪では、教室の床はほうきで掃くものだが、福井では雑巾がけできれいにするものである。ある小学校では、1~6年の縦割り班で無言清掃が行われていた。そのしっかりとした「仕事ぶり」に舌を巻いたものである。

その小学校では、数十年の歴史をもつ「遠泳大会」がある。私はたまたまその練習に参加させていただく機会を得た。5、6年生の子どもたちが、浜に出て、教師や保護者・地域の人々のサポートのもとに、湾内の海を5年生は200メートル程度、6年生は600メートル程度泳ぎ切る訓練を行うのである。なかには浜から海に入るのをしぶる子がいる。泳ぎながら、泣き叫ぶ子もいる。しかし、教師は容赦しない。きびしい指導が続き、何とか皆その日の目標距離を泳ぎ切ることができた。校長先生は私に言った。「ボートには教師だけでなく、子どもたちの親やおじいちゃんも乗っています。皆さん子どもたちに泳ぎ切ってほしいと願っている。泣いたり、わめいたりしてた子も、プールでは実は泳げるんです。海に出るのははじめてなので、それが怖かった。でも、将来船が沈没し、投げ出されるようなことがあれば、彼らは自分で身を守らなければなりません。そのために、泳ぎ切る練習をしています。彼らの命を救うためです。」

こうしたきびしい指導は、今日の都市部の学校では避けられる風潮がある。保護者からのクレームが怖いし、もしも何かあったら大変だと考えるからである。無理もない話である。しかし福井の小学校では、保護者・地域の大人たちの心理的・物理的サポートのもとで、昔ながらのきびしい指導が健在であった。福井の教育の真髄を見た気分であった。

これまで、家庭・学校・地域における「つながり」が、子どもたちの学力形成に大きく寄与していることを見てきた。「つながり」の量的豊かさが、学力向上につながっているという主張である。次に、「つながり」の量だけでなく、その質が問題であるという指摘を行っておきたい。具体的には、秋田と沖縄で経験したことを比較してみたい。

数年前に秋田県の北方にある町を訪問することがあった。かりにA町としておく。A町は、学力日本一の秋田のなかでも高い学力を誇っている自治体である。人口規模は一万人にも満たない町で、その町には塾もなく、整備された図書館も存在していない。にもかかわらず、子どもたちの学力水準はきわめて高い。拝見した小・中学校の授業も、先に述べた秋田の授業の典型とも言えるすばらしいものであった。その町で聞かされたのは、概略次のような話である。

「かつてこの町は、文字通りの東北の寒村であった。仕事は農業か漁業しかなく、村人は貧しい暮らしを送っていた。そこに鉱山が発見され、明治になると都市部から技師・職員層が流れ込んできた。彼らは、ベランダでコーヒーを飲んだり、庭でテニスをしたりした。それを横目で見ながら、村の人たちはこう思ったそうである。『学校に行けば、彼らのようにはなれないにしても、少しはましな暮らしができるかもしれない……』。人々は、教育というものを大事に考えるようになる。そして戦後になり、秋田大学に教育学部ができた。村の人々は、一年に二人ずつ優秀な男子を奨学生として、秋田大教育学部に送ることにした。『卒業したら、できればこの村で教師になってくれ』と。しばらくすると、村の学校は、秋大卒の若い、意欲に燃えた先生方でいっぱいになった。そして、A町は『教育の町』として知られるようになった。その伝統は今にいたるまで、脈々と受け継がれている」

一方、ある時沖縄県の離島を訪問する機会を得た。その島をB島と名づけておく。ご存知のように、沖縄は全国学力テストにおいて最下位が定位置となっている県である。その沖縄でも、本島はまだしも、数多くある離島の子どもたちの学力が課題となっていると聞き、私たちはB島に赴いた。

B島はまさに豊かな自然のなかにある島である。人々の人情は厚く、保護者や地域の人たちの学校に対するサポート体制も万全であるように見受けられた。「つながり」の豊かさという点では、全くA町と変わらないのである。なのに、片方は全国トップの秋田のなかでもトップクラス、もう片方は、きびしい状況の沖縄のなかでもさらにきびしい位置にある。なぜか。ある小学校の校長先生の次の言葉に、私たちは思わずひざを打った。「保護者や地域の人々は、本当に学校のために尽くしてくれています。でも島の人たちの願いは、学力にはありません。皆さんが学校に期待するのは、島で生きていくための人柄と体力です。まあ学校の教師としては、もう少し学力も……と思わないではないですけどね」

この事例が物語っているのは、「つながりの質」の問題である。「つながり」がないよりはあった方がよいに決まっている。だが、「つながり」があるだけでは必ずしも学力は伸びないというのが、沖縄B島の事例から引き出される事実である。「子どもがよく育ってほしい」―「立派な人間になってほしい」と思うのは、親としての共通の願いである。しかしながら、A町の親が「勉強をしっかりしてほしい」と思うのに対して、B島の親は「よい人柄とタフな体力をもつ『島んちゅ』になってほしい」と願う。その違いがおそらく、点数学力の開きとなってあらわれてくるのである。

4　社会関係資本の考え方

これまでは、本書の主題である「つながり」は、大ざっぱに「社会関係資本」という学問的考え方と同じものであるという前提で話を進めてきた。それはそうなのだが、今後の議論の展開上、ここで社会関係資本がどのような考え方なのかをより詳しく見ておくことにしたい。

社会関係資本は近年社会科学の諸分野で大変注目を集めている概念で、ここ10年ほどの間に「ビジネス」「医療」「教育」「福祉」「町づくり」「国際協力」等の分野で、どんどん日本語の著作が出版されるようになってきている。

英語の文献もふくめ、テキスト的書物のなかで必ず社会関係資本概念の源流として紹介されるのが、パットナム・ブルデュー・コールマンという3人の研究者の議論である（例えばJ・フィールド『ソーシャルキャピタルと生涯教育』東信堂、2011年)。まず、アメリカの政治学者R・パットナムの議論を見ておくことにしよう。

日本の標準的テキストと言ってよい稲葉の著作(稲場陽二『ソーシャル・キャピタル入門』中公新書、2011年)では、社会関係資本(=ソーシャル・キャピタル)には、以下のような定義が与えられている。「わかりやすくいえば、人々が他人に対して抱く『信頼』、それに『情けは人の為ならず』『お互い様』『持ちつ持たれつ』といった言葉に象徴される『互酬性の規範』、人や組織の間の『ネットワーク(絆)』ということになる」

実は、この定義は、パットナムの定義をやさしく言い換えたものである。パットナムは、イタリアの政治制度の研究を通じて、北部諸州の政治システムは南部諸州のものよりもずっと民主的にうまく運営されていることを見出し、その理由を北部の諸地域の社会関係資本の充実に求めた。その際の社会関係資本とは、「スポーツや文化団体の数」「新聞購読率」「国民投票への参加度」等の指標によって測定されるものであり、その中身は「相互信頼」「互酬性の規範」「社会的ネットワーク活動」の三者であるとした(パットナム『哲学する民主主義』NTT出版、2001年)。

パットナムの著名な業績は、もうひとつある。『孤独なボウリング』(柏書房、2006年)という象徴的なタイトルで知られるこの著作は、アメリカのコミュニティの衰退を描いたものとして名高い。パットナムによると、1980年から1993年にかけて、ボウリングをする人は以前より10％増えているのに、ボウリングクラブでプレーしている人の数は40％も落ち込んでいるというのである。「孤独なボウリング」というタイトル通りである。アメリカは、皆でボウリングするより一人でプレーすることを好むようになっている。日本的に言うなら、「一人カラオケ」をする人が激増しているとでもなろうか。この書物は、アメリカにおける社会関係資本の危機に警告を発するものとしての位置づけを有している。

パットナムが注目する「地域・コミュニティが有する力」は、本章1節で見た、私たちが行った都道府県別での統計分析から導き出されたものと類似している。北イタリア諸州は社会関係資本が充実しているため議会政治がうまく機能している。秋田や福井では社会関係資本が豊富なため子どもたちの学力の状態が良好である。いずれも、「集合財」としての社会関係資本を問題にしている。すなわち、ある広がりをもつ社会的空間がそれ自体として有している特性に言及しているのである。

続いてブルデューである。教育について言及のないパットナムとは異なり、ブルデューは一貫して教育というものを対象とした鋭い分析を展開してきた。すでに述べたように、ブルデューは経済資本・文化資本と並ぶものとして社会関係資本を位置づけた。この場合の社会関係資本とは、個々の家族あるいは個々人が有する社会的ネットワークやコネである。諸家族や諸個人は、利用しうる3つの資本を有効に使用したり、あるいはそれぞれを上手に転換したりしながら、自らの再生産を図る。

パットナムとの対比で言うなら、ブルデューの注目する社会関係資本は、「個人財」としての側面が強い。すなわち、生き残りをめざす家族なり個人なりが、いかに戦略的に利用可能な資本を活用するかという点に、氏の関心はあった。氏の議論のユニークな点のひとつは、上に述べた「転換」という視点にある。例えば、学はないが経済資本に恵まれたお金持ちが、潤沢な資金を注ぎ込んで子どもにさまざまな教養を身につけさせようとしたり（経済資本→文化資本）、地域の有力者が強力なコネを生かして、子どもを医学部や名門校に入学させたり（社会関係資本→文化資本）……。とは言うものの、彼の議論の焦点は主として文化資本の方にあり、社会関係資本について深く掘り下げることはなかった。

もう一点ブルデューの議論の特徴として、氏が取り上げるのは主として「持てる者」（支配層やミドルクラス）であり、「持たざる者」（被支配層や庶民層）についての考察は少なかったことがあげられる。それは、上のような経緯からも明らかである。すなわち、そもそも「資本」という考え方自体が「持てる者」を念頭においたものであり、資本をほとんど有していない者については、利用とか転換を考える余地は少なかったに違いない。

　私たちがこれまで主として問題にしてきたのは、いかにして「教育的に不利な層」（＝放っておくと、学力が徐々に低下していくと想定される層）の学力を下支えできるか、あるいはより積極的に言うなら、引き上げることができるかという点にあった。そうした視点からすると、ブルデューの社会関係資本では物足りないところがあるが、それを埋め合わせてくれるのが、残るコールマンの社会関係資本の考え方である。


　ブルデューと同様に、コールマンも「教育」という領域を中心的な研究テーマとして保ち続けてきた人物である。氏の関心は、いかにして移民や低所得層といったマイノリティーの人々の学力・教育機会を向上させうるかということにあった。これは、アメリカ社会学・教育学の一大主要テーマである。

　氏のよく知られた仕事は、ハイスクールの生徒たちのドロップアウトに関する実証的研究である。氏が見出したのは、カトリック系の私学では、一般のハイスクールと比べて、何倍も中退率が低いという事実であった。それは、社会階層や経済力といった他の要因をコントロールしたうえでの結果である。わかりやすく言うなら、他の条件を等しくしたうえで、カトリック系であるという学校の特性が、中退率を引き下げるうえで絶大な効果を発揮していたということである。つまり、カトリックの教えを背景とする学校の価値的規範の中身およびそこに所属する人々の関係性の濃密さが、10代の生徒たちのドロップアウトを大きく抑止していたのである。コールマンは、その鍵を社会関係資本という言葉で表現した。すなわち、カトリックの学校は社会関係資本が豊かであるため中退率が低い水準にとどまっていると。

社会関係資本は、次のように定義づけられている。

「家族関係やコミュニティの社会組織に内在し、子どもや若者の認知的もしくは社会的発達のために有用な一連の資源である。こうした資源は人によって異なり、子どもや青年の人的資源発達において重要なメリットとなりうる」(J.E.Coleman, *Foundations of Social Theory*, Belknap Press, 1994, p.300)

コールマンは、学校という組織内だけでなく、家族内における、具体的には親子関係における社会関係資本の重要性をも指摘している。わかりやすく言うなら、親子の良好で親密なコミュニケーションは、子どもの成長にきわめてポジティブな影響をもたらすというのである。ここで注目しておきたいのは、コールマンが、テストでの合格や資格取得といったレベルの問題のみならず、広い意味での学力の形成や人間性の涵養といった側面についても社会関係資本の重要性を主張している点である。

先にあげた稲葉は、社会関係資本が存在するレベルとして、「公共財として」「クラブ財として」「私的財として」という3つに分けるのが適切であるという議論を展開している。「公共財として」のレベルとは、先に見た「集合財」としての側面という見方、すなわちパットナムの考え方と重なる。すなわち、「社会や地域が全体として有する資本」というレベルである。次に「クラブ財として」のレベルとは、特定のグループや組織の中に存在するものという見方である。これは、コールマンの把握に近いものと言えるだろう。そして「私的財として」のレベル。それは、ブルデューの議論に色濃くあらわれていた視点である。

やや煩雑になってしまったかもしれないが整理すると、以下では、稲場の言う「公共財として」「クラブ財として」のレベルを合わせて「集合財として」の社会関係資本と位置づけることとする。また、「私的財として」のレベルは、「個人財として」の社会関係資本と表現することとする。

5 社会関係資本の3つのタイプ

上で整理した「集合財」「個人財」という区別のほかにもうひとつ、実践的な問題を考える際に重要になってくると思われる、社会関係資本のタイプ分けがある。それは、「結束型」(bonding)、「橋渡し型」(bridging)、「連結型」(linking) の3つである。この類型についても、簡単に検討しておきたい。

これはウルコックという研究者が提示した類型である (Woolcock, 'Social capital and economic development', *Theory and Society*, Vol.27, No.2, 1998, pp.13-14)

結束型社会関係資本 (bonding social capital)

直系家族、親友、隣人のような、よく似た状況にいる似た者同士の絆からなるもの

橋渡し型社会関係資本 (bridging social capital)

さほど親しくない友人、職場の同僚といった、似た者との距離がより大きい絆から

なるもの

連結型社会関係資本（linking social capital）

コミュニティの完全な外にいる人々のような、異なる状況にある、似ていない人々に手を差し伸べるもの

「結束型」と「橋渡し型」はいずれも、水平的な関係のなかに存在するものだと考えてよい。簡単に言うなら、「仲間内の結束」が前者であり、「身近な他者との連携」が後者である。「結束」と訳したbondingという言葉のbondという単語は、要するに接着剤の「ボンド」のことである。「家族の絆」「仲間の絆」という時の絆が、すなわちボンドである。「橋渡し型」はbridgingの訳。「ブリッジ」は橋。川のあちらとこちらを結ぶのが橋である。大学の例で言うなら、隣のゼミ・研究室と交流すること、学校で言うなら、近隣の学校と連携を進めること等が、橋渡し型社会関係資本の役割ということができるだろう。

「内なる結束」と「外との連携」、この対比はシンプルで、きわめてわかりやすい。社会関係資本にこの2種類がまず存在するということは、誰にとっても説得的であろう。ただ、容易に考えられるように、仲間内の結束は物事を成すには重要な要素であるが、それが行きすぎるとマイナス面が出てくることもまた事実である。絆が強すぎるために、それが行

動や思考の制約になったり、また、あまりに結束が固すぎるために、外に向かっての閉鎖性・排他性が強まったりすることもあろう。他方、橋渡し型のマイナス面はあまり想定できないが、たとえばそれが強すぎると「八方美人」的になってしまい、足元がおぼつかなくなる、あるいは首が回らなくなるという状況が出てくるかもしれない。

ウルコックの類型で興味深いのは、「連結型」社会関係資本の存在を指摘した点である。前の2つが水平的な関係を前提としているのに対して、この連結型はある意味垂直的な関係を含意している。そのことは、上の定義のなかの「手を差し伸べる」という表現に端的にあらわれていよう。たとえば、少子高齢化に悩む地方都市の人々が「町づくり」の専門家に声をかけ、駅前商店街を活性化しようとする時、あるいは子どもたちの学力格差に悩む公立小・中学校が私たちのような大学の教育研究者を招き入れ、学力向上策に打って出ようとする時、連結型の社会関係資本の力が発揮されるかもしれない。

「手を差し伸べる」というと「上から目線」になるが、逆から見ると、ある「平場」の人々が外部にある専門的・実践的諸資源を「上手に活用する」時に、連結型社会関係資本が成立すると考えることもできる。ちなみに、ここでは、linking という英語に対して、「連結」という訳語を当てた。「関係型」という日本語訳が与えられることもあるが、「関係型社会関係資本」ではいかにも語呂が悪い。linkという言葉には、結合・つなぎ・連接・節などの訳語があてられるが、ここではとりあえず「連結」という訳をあてておく。

この連結型のマイナス面はありうるだろうか。考えられる事態は、外の諸資源を上手に目的達成のために利用することができればよいのだが、タテの関係が強くなりすぎると、過剰介入のためにその集団の自主性・主体性が損なわれることがありえるだろう。

6 社会関係資本と学力

私がそもそも社会関係資本概念と学力との関係に強い関心をもったのは、今から10年ほど前のことになる。1章で紹介した学力実態調査を実施した際に、全体として学力の「2こぶラクダ化」などの憂慮すべき事態が多く見出された。なにか打開の手がかりはないかと学校別の集計・分析を続けていた時に見出されたのが、がんばっている学校の存在であった。それが次章で紹介する「効果のある学校」(effective schools) 研究の展開へとつながっていくのだが、具体的に言うと、特定の小・中学校の結果が大変よかったのである。しかもそれらの学校は、大阪府松原市という同じ自治体に位置し、その小学校から中学校へと進学する共通の校区を有していた。

「大変よい」の意味は、何も平均点の高さが群を抜いているということではない。それらの学校では、「2こぶラクダ」の出現が食い止められていた。換言するなら、低学力の子どもたちの基礎学力の水準を下支えすることによって、学力格差の顕在化の抑止にかなりの程度成功していたのであった。私はデータを見て、感嘆の気持ちを禁じえなかった。ふつうなら到底起こりそうもないことが、それらの学校では生じていたのである。そして、それらの学校名を確かめた時、私はひざを打った。「そうか、そうだったのか」。それらの学校は、同和教育・人権教育の実践校として関西ではつとに知られた学校であった。人権教育の実践が、基礎学力の保障にダイレクトに関与していることが予想されたのである。

幸いにも私は、2003年度から大阪大学に勤務することになったため、2003年度・2004年度とそれらの学校に足繁く訪問させてもらった。そしていくつかの著作をまとめることができた（志水宏吉『公立小学校の挑戦』岩波ブックレット、2003年。志水宏吉『学力を育てる』岩波書店、2005年、特に4章）。それらの学校の教育の中身については、改めて次章でふれることにするが、何よりも私が強く感じたのは、人と人とのつながりを大事にする両校の教育実践が、大量の社会関係資本を学校内そして学校の周囲に生じさせていることであった。学校内では、教師と子どもたち、子どもたち同士、管理職と一般の教師たち、教師同士、そして教師と保護者の間に、強い結束型社会関係資本が存在していた。また、学校と隣の小学校や校区の幼稚園・中学校、さらには学校と地域との間には、豊富な橋渡し型の社会関係資本が観測された。さらには、学校と市教委・府教委、そして私たち大学の研究者との間には、緊密な連結型の社会関係資本が蓄積されていた。

継続的かつダイナミックな社会関係資本の増殖。子どもたちの周囲には、幾重にも彼らのことを大事に思う大人たちのネットワークが張りめぐらされていた。そうした環境のなかで、子どもたちの基礎学力は着実に支えられていた。社会関係資本の役割について考える際の私の原点は、それら松原市の学校にある。

全国のさまざまな地域や学校を訪問させてもらう度に感じるのは、「日本は広い」ということである。大阪の常識は、他地域では決して常識ではない。逆もまたしかり、である。また秋田の話に戻るが、秋田の教師が大阪の教師に向かって「中学生でそうじをさぼる子がいますか」と問うた話を、先ほどした。逆に大阪的に言うなら、「教師の言う通りに100%まじめにそうじをし続ける中学生がいますか」ということになる。正確には大阪ではないが、兵庫県内の「阪神間」に生まれ育ち、現在も住んでいる私には、後者の問いの方にリアリティがある。

大阪の「しんどい」地域に立地する公立小・中学校の教師は、しばしば「何でこの子が家できちんと宿題をしてくるのかがわからない」といった発言をすることがある。「あのような状況の家庭環境では、とても落ち着いて勉強できないのでは……」という気持ちのあらわれである。私自身、かつてある小学校でフィールド調査をしていた時に、以下のような体験をしたことがある。3年生の教室で丸一日を過ごさせてもらった時のことである。一時間めが終わったあとの休み時間に、近くに座っていた女子が話しかけてきた。「次、給食の時間？　お腹減って、しようがないわ……」。複雑な家庭環境のもとにある彼女は朝食をとっていなかった。1時間めのあと、まだ3つの授業が続くということもあまり自覚していなかったのかもしれない。彼女は、訴えるように、しかしなかばひとり言のように、そう発言したのであった。大阪では、就学援助率が5割を超える学校がちらほらある。また、一人親家庭率が3割に達しようかという学校もいくつかある。

もちろん大阪の状況が、すべてそのようなものであるわけでは決してない。さまざまである。しかしながら、携帯電話の「高校デビュー」もあるという秋田県の状況と比べると、多くの小学生がスマホを使いこなす大阪の状況はずいぶんと異なっている。子どもたちが大人に保護される度合いが高い秋田に比べると、大阪を代表とするような大都市部の子どもたちは、早くから「世間の風」や「消費文化の大波」にさらされる度合いは間違いなく高い。「素直な」「純朴な」子と「むずかしい」「ませた」子の対比とも言えようか。

前者のタイプの子どもたちは、ほとんどの場合、少なくとも中学校を終える頃までは、親や教師といった周囲の大人が言う通りに「まじめに勉強に取り組む」だろう。しかしながら、後者のタイプの子どもたちは、周囲の環境が整わず、学校文化以外の誘因が強力である場合には、「急速に勉強に対する意欲を失う」か、あるいは「きわめて手段的にそれを位置づける（＝得だと考えるかぎりにおいて、仕方なく勉強する）」かのどちらかとなるであろう。その結果として、年齢の進行とともに、学力格差は避けがたく増大していく。先に見た松原市の学校では、後者のタイプの子どもが多いという条件のなかで、社会関係資本の蓄積によって子どもたちが学校文化から逸れていくリスクを大幅に減じていたと指摘することができるだろう。

私の知るかぎり、日本の県庁所在地のなかには、県平均よりも全国テストの平均点が高い市と、逆にそれを下回っている市が存在している。しっかりと調べたわけでないので、推測を出ない話ではあるが、おそらく前者の場合は、その市に県内の経済資本・文化資本・社会関係資本が大きく集積しているという事情が働いているのだろう。他方、後者の場合は、日本の格差社会化の趨勢を受けて、市内における経済資本・文化資本の格差が顕著なものになり、社会関係資本が弱体化しつつあるという状況が垣間見られるのではないかと想定される。これは、将来検討してみたいテーマである。

7 「つながり格差」の克服

ようやく本章での議論をまとめるところまでたどりついた。

本章の議論のポイントは、子どもたちが有する「つながり」の量と質とが、彼らの学力形成に少なからぬ影響を与えているという今日的事実であった。「つながり」とは、「社会関係資本」と言い換えることができる。私たちの調査によると、その影響力は、家庭が所有する他の二つの形態の資本、すなわち経済資本と文化資本の影響力と同程度のものであった。

ここで注意しておいていただきたいのは、このことは、「経済資本・文化資本・社会関係資本がそれぞれ3分の1ずつ学力形成に寄与している」ことを意味するわけではないという点である。そうではなくて、「子どもたちの学力を向上させるには3つのルートがある」というふうに理解するべきだろう。第一に、経済的に恵まれた家庭においては、さまざまな教育投資（塾やならいごとや私学への進学）を通じて、ダイレクトに子どもたちの学力を伸ばすことが可能である。第二には、文化的に恵まれた家庭、すなわち教育環境が整っている家庭では、保護者の丹念な働きかけによって、子どもたちの学力を豊かに育むことができる。そして第三には、必ずしもその両者に恵まれていない家庭でも、子どもをとりまく人間関係（友人たちや教師との関係・家族や親族との関係・地域の人たちとの関係等）を豊かなものに形づくることを通して、彼らの学力をしっかりと下支えすることができる。

山に登る道筋は、ただひとつなのではなく、いくつもありうるのである。

そこで、今日の小・中学校に広く見られる学力格差を克服あるいは縮小するための有力な手立てとして、「つながりの再構築」を指摘することができるだろう。学力格差の背景には、本章で見てきた「つながり格差」という実態があるのだから、それを克服するためには、「つながり」を新たにつくりあげたり、今あるものをよりよいものにしていったりする努力が不可欠だということである。

その具体的な筋道は、さまざまである。まず、家庭への働きかけ、家庭支援という方向性を考えることができる。これまでの論述からも明らかなように、学力がきびしい子どもたちは家庭にさまざまな課題をかかえている場合が多い。経済的にきびしい、家族関係が複雑である、学習する雰囲気になっていない、夜も子どもだけで過ごす時間が長いなどなど。そうした場合には、子育てや家庭学習の支援を念頭に置きながら、学校・教師が保護者に働きかけ、かかわりをもつことが求められる。保護者と教師との信頼関係を築きあげること。そこから、保護者と子どもとの関係を、教育的な観点から見て望ましいものに変えていくための展望が開けてこよう。

次に、地域への働きかけ、地域連携の推進という筋道を考えることができる。大阪では、この側面は中学校区を単位とする「教育コミュニティづくりの推進」というコンセプトで、ここ十数年にわたって幅広く推進されてきた（高田一宏『教育コミュニティの創造』２００５年）。「地域の子どもたちを地域全体で育てる」ことを目標とし、公立の学校や幼稚園を「人々が集う場」として設定し、「ともに汗する活動」を組織することで、皆で教育の町づくりを進めて行こうという教育コミュニティの考え方は、大阪のいくつもの地域で実質的な実を結んでいる。秋田や福井の伝統的な地域コミュニティとはいささか趣きを異にするが、それらの地域では子どもたちが多くの大人の目で見守られながら、積極的に学校生活に取り組んでいる様子が報告されている（志水『学力を育てる』２００５年、５章）。

そして、「本丸」の学校である。学校のなかでは、なによりも、学習でつまずいている子や学習意欲を失いかけている子に対して、教師が丹念にかかわることを通じて、あるいは子どもたち同士の声かけによって、事態を改善していくという手立てを考えることができる。他者とのかかわりを想定しないドリル学習や個別学習によっても学力は部分的には改善されるだろうが、子どもたちの現状を見ていると、それだけでは足りないように思われる。独立独歩でやっていける子は少数である。多くの子どもたちは、具体的な人間関係のなかで学校での学びに取り組んでいる。「好きな先生の教科だから一生懸命取り組んだ」とか、「あの仲間がいたからこそ受験競争を乗り切れた」といった思い出をもっておられる読者の方も多いに違いない。主として「つながりの再構築」というルートで、子どもたちの基礎学力水準の下支えに成功している学校の中身については、次章（「効果のある学校」づくり）で集中的な検討を行いたいと考えている。

さて、本書の残る2つの章は、それぞれ「学校の力」（4章）と「教育行政の力」（5章）の検討にあてたい。つながり格差によってクローズアップされるのは、「家庭の力」の違いであり、その背後にある「地域の力」の格差であるが、それらのハンディキャップを埋め合わせる役割を果たしうるのが、個別学校の努力や取り組みであり、それを条件面で支える教育委員会や行政の働きである。

学力格差の縮小に向けて、それぞれの学校がどのように機能しうるか（4章）。それを背後で支える教育行政にはいかなる働きかけが期待されるか（5章）。本書の後半では、それらの問いに対して、具体的な事例や調査結果を引きながら検討を加えていきたい。

4章　学校の力を探る

——「効果のある学校」論

前章の最後で述べたように、子どもたちの学力は、シンプルに言うなら、「家庭の力」と「学校の力」を合わせたものだということができる。前者の「家庭の力」の背景には「地域の力」が、また「学校の力」の背景には「教育行政の力」が控えているが、それらを含めて、「学力＝家庭の力＋学校の力」と定式化しておきたい。

この「学校の力」を継続的に探究してきたのが、欧米の「効果のある学校」研究の系譜である。本章では、その歴史的経緯を振り返ったうえで、ここ10年で私たちが行ってきたいくつかの調査研究の成果を紹介することで、「学校がもつ力」について理論的・実践的な考察を行うことにしたい。

1 「効果のある学校」とは

「効果のある学校」とは、effective schools という英語の訳である。effective という言葉はeffects（効果）という語の形容詞形であり、「効果的である」「効きめがある」「有効である」といった意味をもっている。例えば、熱が出た時に解熱剤を飲んだら、すっと熱が下がった。その時、その薬は effective だったというわけである。

では、「学校が効果的である」とはどのような事態を指すのだろうか。熱を下げるという一点のみに作用する薬とは異なり、その答えは非常に多義的である。ある人は、子どもたちの学力を向上させる学校こそが効果的な学校だと言うだろう。別の人は、点数など問題ではなく、健全な人格の人間を育てることこそが、学校の役割だと言うだろう。また別の人は、集団行動をとれるようにすることこそが、日本の学校のつとめだと言うかもしれない。リーダー層を伸ばすことこそが大事だと思う人、全体のレベルアップを大切に考える人、「しんどい層」の底上げこそが重要だとする人、さまざまな立場・観点がありえよう。教育の成果を一義的に言うことはできない、と私自身もそう考えている。

ここにエドモンズ（R.R.Edmonds）という人がいる。アメリカの教育学者である。氏は、「環境的に不利な立場にある子どもたちの基礎学力を下支えすることに成功している学校」こそが、「効果のある学校」と呼びうるという、独自の視点を打ち出した。「効果のある学校」研究のはじまりである（鍋島祥郎『効果のある学校―学力不平等を乗り越える学校』解放出版社、２００３年）。

「不利な環境のもとにある子どもたち」とは、エドモンズの場合、具体的には「黒人の子どもたち」であった。エドモンズ自身が黒人であり、教育研究に携わっていた氏は、「同胞」の子どもたちの学力がふるわないことに心を痛めていたに違いない。アメリカは、白人と黒人の国である。「白人と黒人」というと並列的な関係に聞こえるが、実際にはアメリカという国は、支配層である白人たちと元奴隷であった黒人たちから成り立つ国であった。その白人と黒人が手を携えてアメリカという国をつくりあげてきた。その過程のなかで、学校教育制度の整備が大きな役割を果たしたことは言うまでもない。しかしながら、第2次大戦後になっても、全体としての黒人の暮らしは概して貧しいものであった。貧困は学校からの早期のドロップアウトや逸脱行動につながり、不安定な生活を送り続けるという負のループから抜け出せない者が多数を占めた。そうした貧困の世代的再生産のループから抜け出すには、子どもたちの学力を高めるしかないと、エドモンズを含むアメリカの教育研究者たちは考えた。そうして着手したのが、「効果のある学校」研究であった。

類似の関心から出てきた当時の研究の流れに、「学校効果」(school effectiveness) 研究というものがある。ネーミングがまぎらわしいが、学校効果研究がめざしたのは、学校のどういった要素が子どもたちの学力形成に積極的に関与しているかを見つけ出そうということであった。具体的には、たとえば「一クラスあたりの生徒数」とか、「習熟度別クラスの採用」といった要因が、どのくらい学力向上に役立っているかを統計的に明らかにしようとしたのである。それは考え方としては間違ってはいないが、実際にやってみると、個々の要因の「効果」を正確に把握することはきわめて難しいことがわかる。あるクラスの子どもたちの学力が一年間で高まったとして、それが、「習熟度別編成」によるものか、あるいは「担当教師の指導力」によるものか、はたまた「子どもたちの集団の質の高まり」やその他の要因によるものかをきれいに弁別することは実質的に不可能である。

片やエドモンズらの「効果のある学校」研究は、それとは異なる視点を有していた。すなわち、「効果」や「成果」を上げている学校の特徴を「丸ごと」捉えようという視点を、それは強調していた。つまり、「学校効果」研究が、要因間の断片的なつながりを見出そうとしたのに対して、「効果のある学校」研究は、一つひとつの学校を分析の焦点に据え、それらの学校の特徴を包括的に描き出そうとしたのであった。

ニューヨーク州の小学校を対象とした調査研究の結果としてエドモンズが提示したのが、表4－1である。

このエドモンズの研究を皮切りに、一時期大西洋の両岸（主としてアメリカとイギリス）で盛んに「効果のある学校」研究がなされた。次にあげる表4－2が、それらの研究の成果を総まとめしたものである。

全体で11の項目、細かく分けると30ほどの項目が、欧米の「効果のある学校」に備わっている特徴としてリストアップされている。ざっと項目を目で追ってもらうとよいが、何

（表４－１）エドモンズが見出した「効果のある学校」の特徴

1. 校長のリーダーシップ
2. 教員集団の意思一致
3. 安全で静かな学習環境
4. 公平で積極的な教員の姿勢
5. 学力測定とその活用

（出典）Edmonds, R.R., 'Characteristics of effective schools', in Neisser, U. ed., *The School Achievement of Minority Children*, Lawrence Erlbaum Associates, 1986.

よりも目につくのが、最初に「校長のリーダーシップ」という項目が来ている点である。これは、エドモンズの研究にも見られた特徴である。要するに、欧米の学校では、校長のリーダーシップの役割が決定的に重要であるということである。次に、２番めに「ビジョンと目標の共有」という、教員集団のあり方に関する項目が来ているのはよいとして、それに続く３番めから８番めに並んでいる項目が、いずれも授業・学習指導にかかわるものとなっているのが目をひく。端的に言うなら、欧米の「効果のある学校」は、「効果のある授業」を行う学校だということである。そして、９番めになってやっと、日本で言うところの「生徒指導」にかかわる項目が取り上げられている。最後に、10番「家庭との良好な関係づくり」、11番「学び続ける組織」となるが、そこで言われている「家庭との連携」や「校内研修の実施」といった項目は、実は欧米

（表4－2）欧米の「効果のある学校」研究のまとめ

1. 校長のリーダーシップ	・確固とした目的意識に富む ・教職員の参加意識を引き出す ・専門職としての知識技能をもつ
2. ビジョンと目標の共有	・統一的な目標設定 ・実践の一貫性 ・同僚性と協働
3. 学習を促進する環境	・秩序だった雰囲気 ・魅力的な学習環境
4. 学習と教授への専心	・学習時間の最適化 ・学業を重視する雰囲気 ・学力形成への関心の高さ
5. 目的意識に富んだ教え方	・効果的な学習組織 ・明確な目標設定 ・構造化された授業 ・柔軟な学習指導
6. 子どもたちへの高い期待	・すべての子どもに対する期待 ・子どもたちに期待を伝える ・知的なチャレンジを設定する
7. 動機づけにつながる積極的評価	・明確で公平な生徒指導 ・適切なフィードバック
8. 学習の進歩のモニタリング	・子どもの進歩を的確にモニターする ・学校の学力水準を評価する
9. 生徒の権利と責任の尊重	・子どもの自尊感情を引き上げる ・責任ある役割を与える ・自主性を尊重する
10. 家庭との良好な関係づくり	・保護者が子どもの学習にかかわる
11. 学び続ける組織	・学校における研修の充実

（出典）Sammons, P., Hamilton, J. & Mortimore, P., 'Key characteristics of effective schools', Institute of Education and OFSTED, 1995.

の学校が日本の学校に学んで取り入れた部分だと指摘することが可能である。

欧米の学校は授業中心。これは、1990年代初頭にイギリスの学校に子どもを通わせた私の実感である。最近私は、初めてフランスの学校を訪問する機会を得た。中学校であったが、それは聞きしにまさる場所ではあった。先生方に聞いたところ、フランスの中学校教師は自分が担当する授業時間以外は、学校に居なくてもよいということであった。簡単に言うなら、自宅で授業の準備や教材研究をしてもよいのである。日本の教師の仕事の大きな部分を占める生徒指導・生活指導の領域は、他の人たちが担当するということであった。私たちが訪問したパリの中学校では、2人の若い教師が生徒指導担当として着任し、大学生のアルバイトを率いて全校生徒の出席や遅刻の管理を行っていた。彼らはまた、おしゃべりやいたずらをして授業担当の教師から「退場」を言い渡された生徒たちの相手をし、処分を検討する任務も有していた。すこぶる割り切ったものである。カトリックの影響下にあるフランスでは、「学校は知育のみ」という伝統が根強くある。そうした学校文化のもとでは、授業という土俵に乗ってくる者のみが正規の生徒として扱われ、逸脱傾向にある者は「切られる」運命にある。したがって、「効果のある学校」は「効果のある授業」を行う学校だということになる。

さて、こうした欧米の「効果のある学校」研究は、表4－2に見られるような一定の到達点に達し、今日ではひと段落ついたかの観がある。私たち日本の教育社会学者は、欧米でそうした研究動向があることはいちおう把握してはいた。しかしながら、少なくとも私個人は、ある段階になるまでそれを自分のこととしては捉えていなかった。その状況が変わったのは、２０００年前後の学力低下論争の高まりにおいてである。

２　２００１年調査でのひらめき

第1章2節で紹介したように、２００１年度の終わり頃に実施した東大関西調査において私たちが見出したのは、子どもたちの学力の「2こぶラクダ化」の実態であった。私はその結果を知るに及んで、どうしたものかとしばし考え込んだ。結果の出方があまりにも「暗い」ものだったからである。しかしながら、学校別の集計をしていた時に、一筋の光が差し込んでくる思いがした。特定の小学校・中学校の結果が、すこぶるよかったからである。第3章5節でふれた大阪府松原市の小・中学校である。それらの学校では、子どもたちの学力分布は「2こぶ化」しておらず、低学力層の出現率が低い水準にとどまっていた。

さまざまな分析を繰り返すうち、「これらの学校は、日本の効果のある学校だと呼べるのではないか」という思いが、私の頭のなかに浮かんできた。欧米の議論と大阪の学校の姿が二重写しになったのである。頭のなかの回路が突如つながり、豆電球がぱっと点灯したような気分になったのであった。

うまい具合に、私は2003年度から関西に戻り、大阪大学に勤務することになった。2003年度から2004年度にかけて、私はそれらの学校を足繁く訪問し、大阪の「効果のある学校」の真髄をたっぷりと見せてもらった。しばらく当時の思い出を振り返ってみよう。

まず驚いたのが、私が「怒る指導」と名づけた指導の仕方である。それは特に、小学校の方で顕著であった。先生方がともかく子どもたちを怒るのである。びっくりした私は、ベテランの先生に尋ねてみた。「この学校では、先生方は本当によく子どもたちを叱りますね?」と。答えは、予想外のものだった。「私たちは叱るのではなく、怒るんです。子どもたちの目線にまで下り、こちらの感情をぶつけることによって、彼らの態度変容を迫るのです」。「叱る」ではなく、「怒る」のだ。それまで首都圏に住んでいた私は、教師たちの「怒る」姿を見ることはほとんどなかった。教師は感情的になってはいけないという

「常識」が、当時の首都圏の学校にはあったからだろう。しかし、松原の先生は、あえて強く怒るのだと言う。若手や新任の先生方は、「まだ先輩たちのように、子どもたちをちゃんと怒れない、迫れないんです」という悩みを打ち明けてくれることもあった。子どもたちの心に「迫る」指導。多くの子どもたちが家庭に課題をかかえ、適切な自尊感情を育めていない現状をふまえ、真剣で深い情緒的なかかわりをもとうとしていた先生方の姿。それは、「しんどい層を支える」学校の基本スタンスを象徴することがらであった。

第二に、徹底した学力保障のシステムがそこにあった。教師との情緒的なつながりだけでは、「落ちこぼれ」をつくらないという目標は達成できない。学力低位層を引き上げるためには、それなりの具体的手立てが必要である。それは、宿題を中心とする家庭学習の充実であったり、ていねいな指導を旨とする習熟度別授業の継続的な実施であったり、放課後や長期休暇中の補充学習の開講であったり、頻繁な学力テストによる子どもたちの学力状況の常時のモニターであったりした。そうした取り組みに慣れていなかった私の目には、子どもたちの基礎学力を保障するためのセイフティネットが幾重にも張りめぐらされているかのように見受けられた。「ここまでやるのか……」が、当時の私の率直な感想であった。

そして第三に、そうした指導を終始一貫したものにするための教職員集団のまとまりが、そこには存在していた。「ひと声かけたら、10人ぐらいがパッと動いてくれるんです」というのは、当時の中学校の校長先生の言葉である。小学校では、「うちの学校にはスーパーマンはいらない。チーム力で勝負です」という言葉を聞かせてもらった。両校では、泊りがけの宿泊研修会等を通じて、教師集団のさらなる結束が図られていた。ある時の合宿で、夜のコマの研修講師を任された私は夕食時に宿泊所を訪れたのだが、そこでかなりのアルコールを振る舞われ、その後の講師役をつとめるのに四苦八苦した経験がある。研修終了後も、先生方の反省会は夜中まで続いた。

「効果のある学校」としての両校の教育の特徴については、すでに報告済みなので（志水『公立小学校の挑戦』岩波書店、2001年。志水『学力を育てる』岩波書店、2005年、5章）、詳しくはそちらをごらんいただきたい。あれからすでに10年ほどの歳月が経過している。同和教育推進校であった両校をとりまく社会環境は大きく変化し、学校を担う教員集団も近年一挙に若返っているが、両校の学校文化の本質は変わらない。両校のような学校が存在することを、一関西人として私は誇りに感じている。

3　「7つの法則」

大阪に戻ってから私は、仲間の研究者とともに「効果のある学校」研究に従事した。欧米の研究を横にらみしながら、松原市の学校を代表とするような、大阪のいくつかのがんばっている学校を継続的に訪問することで、日本版「効果のある学校」の特徴を導き出そうとしたのであった。その最初の成果が、「しんどい子に学力をつける7つの法則」というものである。

順に見ていこう。

①子どもを荒れさせない

この言葉は、ある中学校の教師の口から出てきた言葉である。学校が「荒れ」の状態に陥ってしまったら、学力向上どころではないという危機感がこの言葉の背景にある。大阪のみならず、各地の公立学校（特に中学校）は、「荒れ」の危険性をひめている。「荒れ」

（表４－３）しんどい子に学力をつける７つの法則――大阪の「効果のある学校」

①子どもを荒れさせない
②子どもをエンパワーする集団づくり
③チーム力を大切にする学校運営
④実践志向の積極的な学校文化
⑤地域と連携する学校づくり
⑥基礎学力定着のためのシステム
⑦リーダーとリーダーシップの存在

（出典）志水宏吉『学力を育てる』岩波書店、2005年、164－169頁

とは、子どもたちが落ち着かなくなり、教室から出ていったり、授業妨害を始めたりして、正常な状態がキープできない状況を指す現場用語である。別の教師は、「本当にしんどくなる前に、しんどいことをしておくんです」と表現をしてくれた。「本当にしんどくなる」とは、その「荒れ」の状態に本格的に入ってしまうことを指す。「しんどいことをしておく」とは、関西以外の人にはわかりにくい表現だろうが、「手間暇をかける」とか、「事前にしっかりと手をいれておく」といった意味合いである。具体的には、丹念な指導や声かけで、しっかりとした信頼関係を子どもたちとの間に築いておくことを意味する。その基盤がないところではなにも始まらないという実感が、大阪の学校の教師たちの間にはある。

②子どもをエンパワーする集団づくり

「エンパワー」という言葉は、1990年代以降大阪の学校現場で頻繁に聞かれるようになっている言葉である。直訳すると「力をつける」ということであるが、その語のニュアンスからすると、「元気づける」とか「勇気づける」という語の方に近い。「子どもの内なる力・ポテンシャルに気づかせる」ことを、大阪の教師たちは大事に考えている。自分の内なる力の存在に気づくことができれば、人間は順調にそれを伸ばしていくことができるという人間観がその背景にある。逆に言うなら、さまざまな環境的要因から内なる力に気づくことができない子どもがたくさんいる、という現状があるのである。

そして大阪では、エンパワーすること（＝エンパワメント）を、教師の指導性を通じてではなく、主として子ども同士の関係性を通じて達成しようとする志向性が強い。子ども同士の関係性の質を高めることによって、学び合い・励まし合い・高め合うプロセスを発生させようというのが、大阪的アプローチである。そして、それを実現させるための方法が、学校現場において「集団づくり」と呼びならわされてきた一連の手法である。「集団づくり」は日本全国の学校で取り組まれているはずだが、大阪ではことのほかそれが大事にされている。

③チーム力を大切にする学校運営

これについては、先ほど松原の学校を紹介するところで述べた通りである。「チーム力を大切にする」のは当たり前だろうと思われる方も多いが、学校という世界においては、なかなかそれがうまくいかないのも事実である。かつては「学級王国」という言葉が盛んに使われていた。他の教師には手出しのできない不可侵の領域がそこにはある、ということである。今日その要素がずいぶん薄まってきたように思われるが、その一方で、教職員集団のチーム力が着実に向上しているかというと、残念ながらそうでもない。教師集団のベクトルが一方向にそろい、一糸乱れぬチーム力が発揮されるような学校運営は、時に信じられないような大きな成果を生む。少なからぬ学校を訪問してきた私たちの実感である。

④実践志向の積極的な学校文化

Can-do culture とか、Can-do-better culture などという用語がある。欧米の「効果のある学校」研究で用いられてきた言葉であるが、これらはそれぞれの学校における教員文化のあり方を形容するものである。前者は「やればできるんじゃないか」、後者は「今やっていることも、工夫すればもっとうまくできるんじゃないか」という基本スタンスを指す。それらが存在している学校は強く、それらが存在しない学校はなかなか成果が出ないという欧米の知見と全く同様のものを、私たちも見出した。端的に言うなら、がんばっている学校の先生方は常に前向きであるということだ。逆に、結果が出ない学校の先生方はネガティブ志向というか、やや後ろ向きである。「どうせやってもダメなんじゃないか」「これは以前も失敗したから、やめておきましょう」「うちの子どもたちには無理でしょうねえ……」。教師のポジティブさが子どもたちのエンパワメントへの前提条件となることに、疑いはないと思われる。

⑤地域と連携する学校づくり

今日の日本の学校では、全国的に「地域との連携」が推奨されている。登下校時の安全の確保であったり、街頭での青少年の非行防止であったりという「実利」的な要請もそこにはかかわっているが、なによりも「学校は地域社会に貢献するものである」という原点に立ち返ろうという志向性がそこには見てとれる。その点において、大阪の小・中学校は、全国に先がけて積極的に地域連携に取り組んできたと指摘することができる。とりわけ私たちが訪問した大阪の「効果のある学校」では、盛んに地域連携が推進されてきた。その背景には、今から十数年前に府の政策として取り入れられた「教育コミュニティづくり」の考え方がある（池田寛『教育コミュニティ・ハンドブック―地域と学校の「つながり」と「協働」を求めて』解放出版社、２００１年）。大阪では、地域に根ざした学校づくりのプロセスのなかで、さまざまな大人たちが子どもたちに重層的にかかわる形をつくり出し、子どもたちのエンパワメントを多様な形で進めようとしている。

⑥基礎学力定着のためのシステム

これも、松原の学校を紹介する際にふれたテーマである。大阪の学校では、学力低位層を底上げするための手立てがふんだんにとられている。今から10年ちょっと前に関東から関西に私が戻ってきた時に、最も驚かされたことのひとつがこの点であった。「しんどい層を支える」ために、先生方はばく大なエネルギーと時間を注いでいる。それがゆえに、「できる層」が放っておかれたり、退屈したりする側面がなかったわけではない。「効果のある学校」とは、「不利な環境のもとにある子どもたちの基礎学力を支える」ことに成功している学校ということであった。今、大阪の「効果のある学校」には、2つの側面のバランスのよい両立が期待されている。

⑦リーダーとリーダーシップの存在

校長先生のリーダーシップが決定的に重要だという欧米の論調に比べて、大阪の学校では、校長のリーダーシップは必ずしも絶対的なものではなく、さまざまな形のリーダーシップがありうるという実感を私たちはもった。もちろん、校長先生が強いリーダーシップを発揮し、教職員を引っ張っていくというタイプの学校もあったが、それとは対照的に、校長先生がいわば「裏方」として存在し、教職員が働きやすい職場をつくるための条件整備に奔走しているというタイプの学校もあった。特に大阪的な特徴としては、かつては「同担」（「どうたん」＝同和教育担当）と呼ばれ、今日的は「人担」（「じんたん」＝「人権教育担当」）と称されることが多い、教員集団のなかのリーダー的存在が、全体にうまく目配りをし、管理職と協働しながら日々の学校運営を切り盛りしていく姿が目立った。

欧米の「効果のある学校」と比べると、大阪の「効果のある学校」には、共通点もあるが、対照的だと感じられるポイントがいくつかある。

第一の違いは、すでに述べた「校長」のリーダーシップの違いである。強力で、トップダウン型の欧米とは異なり、日本（大阪？）では、校長のリーダーシップはより柔軟であり、さまざまな形をとりうる。

第二の違いは、これもすでに述べたように、欧米の「効果のある学校」が学習指導・授業の側面を重視しているのに対して、大阪の学校では、先の①と②に代表されるような、生徒指導の側面が大変重視されていることである。「切る」ことをいとわない欧米の学校文化に比べ、日本の学校（少なくとも義務教育機関である小・中学校）においては、子どもたちを「切らない」（あるいは「見捨てない」）ことが美風とされてきた。これには賛否両論あるだろうが、今日においても、欧米型のクールな生徒指導の方針は、日本の学校にはなじまないように思う。欧米では、授業がすべてである。日本では、生徒指導の基盤のうえに授業が乗っかっているのだ。

第三の違いは、より潜在的なレベルで存在しているものである。欧米では、教育は、教師と子どもの一対一の関係をベースにして組み立てられている。イギリスの教師も、フランスの教師も、フィンランドの教師も、教室の子どもの数は、少なければ少ないほどよいと考えているはずである。しかしながら、日本の教師は異なる。授業をする際には、一定数以上の子どもがいた方がよいと考える。その方が、集団のダイナミクスが働き、充実した展開が生じやすいからである。すなわち、欧米が個人ベースなのに対し、日本では集団ベースで物事が発想されるという違いがある。②の「子どもをエンパワーする集団づくり」や③「チーム力を重視した学校運営」といった項目は、そうした日本の集団主義を基底として生み出されたものと位置づけることができる。

4　「力のある学校」のスクールバスモデル

上に述べた「7つの法則」に対する、大阪の学校現場・先生方からの反応はおおむね好意的なものが多かった。ただ、内容はともかく、「効果のある学校」というネーミングとその意味することに対しては、以下のような意見をもらうことがあった。すなわち、(1)「効果という言葉は少し冷たい感じがする」、(2)「私たちはテストの点数をあげるためだけにやっているわけではありません」、(3)「しんどい層を大切に考えたいのはもちろんですが、やはり私たちにとってはすべての子どもが大切です」などなど。

(1)については、全くその通りである。生身の人間（=子どもたち）を日々相手にしている先生方からすれば、「成果」ならまだしも、「効果」という語は冷たく、非人間的な響きが感じられて当然であろう。(2)についても、異論はない。「効果のある学校」は、そもそも学力テストの結果の分析によって導き出されるもので、あくまでも「点数」の出方を問題にする。しかしながら、先生方が日々学校で行っている活動はもっと幅広いものであり、目的も内容も多様なものである。それを「点数」のみに還元されるのは抵抗感のあるところであろう。(3)については、目からうろこが落ちる思いであった。生活面でも学力面でも多くの課題をかかえる子ども（＝しんどい層）に着目するのは大阪のよいところだという視点が私たちには強かったのだが、「他の子どもも皆大切だ」という指摘は、当たり前のことではあるが、私たちにとっての盲点であった。

そこで私たちは、表向きの「看板」をかけかえることにした。「効果のある学校」から、「力のある学校」に、である。「力のある学校」とは、「すべての子どもたちをエンパワーする学校」のことである（志水宏吉『「力のある学校」の探究』大阪大学出版会、２００９年）。英語で表現すると、empowering schools ということになる。すべての子どもがエンパワーされるなら、おのずと彼らの基礎学力水準も引き上げられようというのが、私たちの推論であった。ある学校が「力のある学校」であれば、それは「効果のある学校」とも呼べるに違いないと考えたのである。

「効果のある学校」がテスト結果によって導き出されるものであるのに対して、「力のある学校」を単一の尺度で測定することはできない。というか、それは、実体概念としてよりも、目標概念（＝理念）として設定されたものであると考えていただいた方がよいであろう。それは、「実際の学校の姿を示す」ものとしてよりは、「すべての学校がこうあってほしいという願いが結実した」ものだということである。「力のある学校」へと近づきつつある学校では、子どもたちが前向きに生活しており、職員室の雰囲気がとてもよい。学力面だけでなく学校生活の各側面で子どもたちは自らの力を十二分に伸ばしており、先生方も生き生きと自らの職務に打ち込んでいる。そのような学校が、「力のある学校」である。これまでの記述からも明らかなように、「子どもがエンパワーされる」とは、その前提条件として「教師たちがエンパワーされている」学校であるに違いない。私たちは、そのような学校を、公立学校の理想像として提示したいと考えた。

その理想に近づくために作成したのが、ここで紹介する「力のある学校」のスクールバスモデルである。前項との関連で言えば、「7つの法則」をバージョンアップしたものが、以下に見る「スクールバス」だと理解していただければよいであろう。

理想像と言ったが、注意していただきたいのは、このスクールバスは、決して私たち研究者の頭のなかだけでつくったものではなく、大阪の小・中学校で実際に行われている実践のエッセンスを抽出する形で作成されたものだということである。

2006年度に大阪府内で大規模な学力実態調査が実施された。分析のお手伝いをした私の研究室では、「効果のある学校」研究の枠組みにもとづく分析を行い、いくつもの「効果のある学校」を見出した。大阪府教委との話し合いのなかで、分析だけで終わるのはもったいないという話になり、翌年合計で10の「効果のある学校」（小学校5校、中学校5校）で継続的な訪問調査を行う運びとなった。その結果をまとめたものがスクールバスモデルである。

このモデルを構成する要素は、together という語呂合わせをした、8つの項目である。その8項目から、内容の関連の強いペアを4つつくり、それぞれをバスのパーツに当てはめたものがスクールバスモデルである。

個々の項目の詳しい内容については、すでに他著で述べているので、それらをご参照いただきたい（志水『「力のある学校」の研究』、2009年、特に3章：志水『公立学校の底力』ちくま新書、2009年、特に序章）。

2007年度の年度末に大阪府教委が刊行した小冊子『学校づくりのためのガイドライン』（大阪府教育委員会、2008年）では、このスクールバスモデルの概要について、次のように説明がなされている（同書2頁）。

「私たちは、『力のある学校』が備えるべき要素を8つにまとめ、それをスクールバスのイメージでとらえることにした。

教職員集団の強力なエンジンと学校運営のハンドルさばきをスクールバスの中心とし、

(図4－1)「力のある学校」のスクールバスモデル

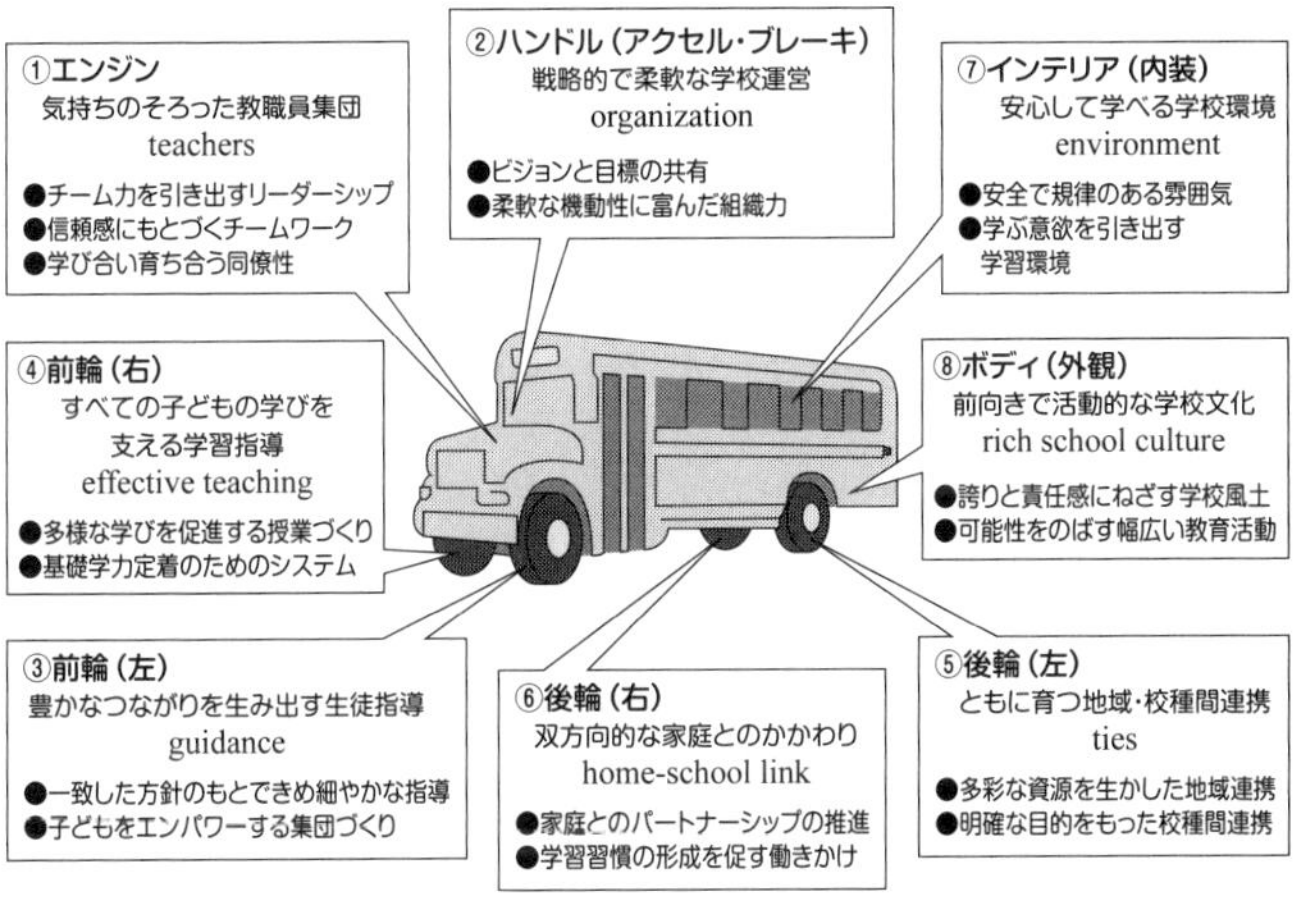

(出典) 大阪府教育委員会『学校づくりのためのガイドライン』2008年

生徒指導と学習指導がバスを導いていく前輪、校種間連携と家庭連携は運営を安定したものにする後輪、学校環境・学校文化は、バスのインテリアとボディと考えた。

　このスクールバスが走っていく道はけっして平坦ではないだろうが、8つの要素をうまく連携させて、少々の悪路であっても力強く乗り越えていく学校の姿を思い描いた」

　このスクールバスが完成した時点では、私たち研究者サイドも、そして教育行政に携わる府教委サイドも、「大阪はこれでいきましょう!」と張り切っていたものである。しかしその直後に府知事選が行われ、橋下徹氏が府知事に就任することになった。そして、比喩的に言うなら、このスクールバスモデルは「ガレージ入り」することになった。

橋下氏の強いリーダーシップのもとで、スクールバスとはベクトルが全く異なる教育改革・学力向上路線が敷かれることになったのである。「教育改革」については、次章のテーマになるので、この問題についてはそこで改めて戻ることにする。

今一度、スクールバスの項目の並びを目で追っていただきたい。「気持ちのそろった教職員集団」（エンジン）をはじめとする各項目は、大阪の学校現場が培ってきた、教育のエッセンスを集めたものと言ってよい。こうした項目に示されているような諸実践や取り組みを通じて、大阪の現場は「しんどい層を下支え」する努力を数十年にわたって継続させてきた。そのことにより、「つながり格差」に由来する学力格差の顕在化が、大阪ではいくぶんなりとも緩和されてきたと言い切ることができるだろう。今日では、その努力だけでは支え切れない状況が到来しているのも、またたしかなのではあるが。

5　「効果のある学校」を日本全体に

私たちはある段階まで、大阪で「効果のある学校」研究会を展開したわけであるが、ほどなくそれを「全国展開」できるチャンスがやってきた。全国的な調査データに、「効果のある学校」論を適用できる機会が訪れたのである。それは、文部科学省からの委託研究として実施した、全国7県の40の小学校、3000名ほどの小学校5年生とその保護者を対象とした学力調査である（研究代表：耳塚寛明お茶の水女子大教授）。

次の表4－4が、私が行った分析結果を表すものである（以下の結果は、次の文献に詳しく展開している。志水宏吉「階層差を克服する学校効果―「効果のある学校」論からの分析」、Benesse教育研究センター『教育格差の発生・解消に関する調査研究報告書』、2009年）。

まず、「学校」名にあるA・Bなどの文字は対象となった県（仮名）を表している。「児童数」の次にある「全体」という数値が表しているのは、児童全体の「通過率」である。通過率とは教育界独特の用語で、ある基準点を突破した子どもの比率を表す。例えば、そ

（表４－４）学校の効果

学校	児童数（人）	全体	母学歴		収　入		通　塾		学校効果	学校背景
			高卒まで	短大以上	500万円未満	500万円以上	非通塾	通　塾		
A-1	83	62.7	40.7	74.5	40.0	58.8	53.8	66.7		1
A-2	37	77.8	60.0	90.5	66.7	86.7	66.7	93.3	○	1
A-3	19	68.4	61.5	83.3	40.0	100.0	64.3	80.0		3
A-4	11	63.3	100.0	50.0	—	100.0	66.7	50.0		2
B-1	64	75.0	59.3	86.1	50.0	76.7	56.7	91.2		1
B-2	81	58.8	55.6	68.8	55.2	61.8	55.6	64.7		3
B-3	128	74.8	66.7	81.8	63.3	80.0	69.1	84.8	○	2
B-4	62	61.3	59.3	65.6	65.2	50.0	63.6	55.6		3
B-5	47	80.9	75.8	92.3	88.9	82.6	78.8	92.3	○	3
B-6	59	69.5	66.7	76.2	70.0	62.5	62.2	81.8	○	3
B-7	24	58.3	50.0	100.0	45.5	66.7	55.0	75.0		3
B-8	45	70.5	61.3	91.7	61.1	82.4	66.7	78.6	○	3
C-1	49	55.1	33.3	66.7	50.0	52.6	40.0	70.0		1
C-2	114	74.5	67.5	78.1	35.7	82.7	65.4	77.6		1
C-3	100	83.8	54.5	86.7	50.0	81.3	75.0	84.6		1
C-4	139	78.7	66.7	87.6	57.9	74.5	57.7	83.5		1
C-5	114	82.1	70.0	88.9	84.6	77.6	65.0	85.9	○	1
D-1	25	92.0	84.6	100.0	77.8	100.0	93.3	88.9	○	3
D-2	38	56.8	44.4	70.6	64.3	60.0	41.7	83.3		3
D-3	74	62.2	52.8	73.0	54.2	60.6	70.3	57.1		2
D-4	31	76.7	68.8	84.6	71.4	73.3	66.7	91.7	○	2
D-5	51	64.0	52.2	77.3	45.5	75.0	60.0	68.8		1
D-6	35	65.7	50.0	76.2	60.0	64.7	63.2	73.3		1
D-7	62	64.5	56.3	73.1	50.0	60.0	54.2	71.1		2
D-8	10	80.8	75.0	83.3	80.0	50.0	100.0	75.0		2
E-1	35	68.6	73.3	70.6	75.0	70.0	57.9	81.3		3
E-2	51	76.5	63.2	90.0	81.3	84.2	66.7	85.2	○	1
E-3	40	64.9	76.9	60.0	50.0	58.8	70.8	50.0		2
E-4	74	77.0	62.1	78.8	62.5	82.9	75.7	77.8	○	2
E-5	47	61.0	52.9	69.6	50.0	90.0	50.0	76.5		3
E-6	51	82.4	83.3	81.5	81.8	88.9	72.4	95.5	○	3
E-7	87	57.0	53.7	59.5	53.6	51.4	59.1	56.1		2
E-8	90	43.3	31.3	57.5	39.5	33.3	42.4	46.3		2
E-9	59	54.4	51.4	61.9	45.8	68.8	47.1	65.2		3
E-10	49	63.3	55.0	70.8	50.0	65.0	44.4	68.4		1
F-1	57	66.7	52.2	75.0	64.7	71.4	65.4	69.0		2
F-2	73	69.0	62.1	75.7	75.0	72.7	63.4	76.9	○	2
F-3	25	60.0	70.0	50.0	66.7	62.5	56.3	75.0		2
F-4	23	60.9	50.0	70.0	20.0	57.1	54.5	63.6		2
G-1	140	71.2	59.6	78.5	65.5	73.2	72.7	72.4		2
G-2	78	61.5	44.1	73.8	33.3	69.4	57.7	69.2		2
G-3	52	69.2	75.0	65.7	70.6	65.0	64.0	74.1	○	1
合計	2,533	68.7	59.0	77.3	58.3	70.5	62.7	75.0		

注）○印のついている学校が「効果のある学校」（＝すべてのカテゴリーの数値が60％以上）。

（出典）志水宏吉「階層差を克服する学校効果－「効果のある学校」論からの分析」、Benesse 教育研究センター、2009 年、79 頁の調査の基準点を50点とした場合に、50点以上の成績をとった子どもの比率がその学校の通過率となる。表から明らかなように、この調査の全体通過率は、92・0％（D－1校）から43・3％（E－8校）まで大きくばらついていることがわかる。

その次の「母学歴」「収入」「通塾」の欄が、「効果のある学校」論の枠組みの特徴となる部分である。この調査では、保護者アンケートで親の学歴や家庭の収入を尋ねている。それにもとづいて、子どもたちを、母親が「高卒まで」か「短大以上卒」のグループに、同じように年収が「500万円未満」か「500万円以上」のグループに、そして「非通塾」か「通塾」のグループにそれぞれ分け、各グループの通過率を求めた。そして、「6つの欄すべての数値が60％以上に達している学校」を、「効果のある学校」と判定したのである。要するに、母親が高卒である子どものグループ・年収が500万円未満のグループ・塾に通っていないグループを「教育的に不利な環境のもとにあるグループ」と位置づけ、その子らの通過率を一定程度（＝6割以上に）押し上げることに成功している学校を「効果のある学校」と認定したのである。「学校効果」欄を見ていただければよいが、40校中13校（全体のほぼ3割にあたる）が「効果のある学校」と判定される結果となっている。

なお、最後の「学校背景」とは、学校が置かれた校区の社会経済的位置づけを示すために作成した指標である。すなわち、母学歴・収入・通塾という3つの指標の数値が相対的に高い学校を「1」、低い学校を「3」、中間に位置する学校を「2」とした。欧米の研究では、学校背景が高いほど「効果のある学校」になりやすいという結果が出ているからである。

さて、ここで注目していただきたいのは、B県とC県の結果のコントラストである。匿名性を保つ必要があるため、県名をここであげることはできないが、B県は全国テストで上位を占める東北地方のある県である。B県では、8校中4校が「効果のある学校」と判定されており、そのうちの3校は「学校背景3」とカテゴライズされている学校である。要するに、B県では、校区の社会経済的な位置づけにおいてはさほど恵まれてはいないけれども、家庭的に不利な層の学力の押し上げに成功している「効果のある学校」の出現率が高いという特徴が見られるのである。

方やC県は、首都圏に位置する、大都市部を擁する県である。こちらの方は、案に相違して、「効果のある学校」の出現率が20％（5校中1校のみ）とかなり低くなっている。5校ともが、有利なはずの「学校背景1」の学校であるにもかかわらず、である。つまりC県では、保護者の学歴・収入や子どもたちの通塾率がかなり高いにもかかわらず、「効果のある学校」になる確率が低いということである。なぜか。それは、これらの学校では、子どもたちの学力格差が大きくなりがちだからである。

（図4－2）平日に家で勉強する時間

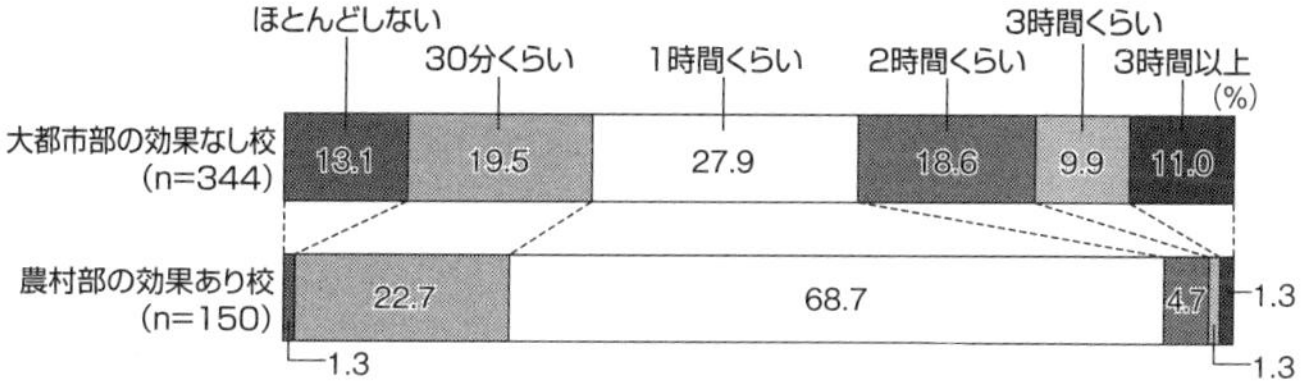

（出典）志水、前掲論文、82頁

詳細なデータは省くが、「B県の効果のある学校」と「C県の効果のない学校」を比べた場合、子どもたちへのアンケート調査の結果に大きなコントラストが認められた。すなわち、前者では後者に比べて、(1)子どもたちの家庭学習の習慣がきわめて良好なものとなっている、(2)塾に通う比率が低く、逆にスポーツをやっている子の比率が高い、(3)教師との関係やコミュニケーションが良好である、(4)授業に向かう姿勢が積極的である、(5)ポジティブな学習観を有している、等の特徴が見られたのである。

ひとつだけデータを示しておこう。図4－2は、両者における「平日に家で勉強する時間」の分布を示したものである。上段の「大都市部の効果なし校（C県）」では、「ほとんどしない」子から「3時間以上する」子まで本当にいろいろな子が混在しているのに対して、「農村部の効果あり校（B県）」では「30分から1時間くらいする」が9割以上を占めるという結果となっている。「できる子」もいれば「できない子」もいるC

県に対して、B県では学力的には「粒ぞろい」という傾向が強いという状況が推測される結果となっている。

「効果のある学校」研究による分析を全国規模に広げようと考えたわけだが、出てきた結果は、前章のテーマである「つながり格差」の存在を再確認させるようなものであった。すなわち、東北のB県では、親の収入や学歴（すなわち、経済資本や文化資本と言い換えることができる）がさほどの水準でないにもかかわらず、子どもたちの学力差が小さく、平均点のレベルがかなり高い「効果のある学校」が出現しやすい。他方首都圏のC県では、親の経済資本や文化資本の水準は相対的に高いにもかかわらず、子どもたちの学力格差がはなはだしいため、「効果のある学校」が誕生しにくい。これは、「つながり格差」という考え方なしには、整合的に解釈しがたい結果ではある。

上の調査に続いて、今度は私自身が研究代表者となり、もうひとつの文部科学省の委託研究を実施した（志水宏吉『子どもたちの学力水準を下支えしている学校の特徴に関する研究』大阪大学大学院人間科学研究科、2011年）。この調査のコンセプトは、先に述べたスクールバスモデルが、全国の学校に関してどの程度フィットするかを確かめようというものであった。大阪産のスクールバスは、日本全国で通用するのか。スクールバスモデルにない項目で、

「力のある学校」づくりに寄与する要因が他にもあるのではないか。そうした問題関心にしたがって、私たちは次のような作業を行った。

まず、全国の47都道府県のなかから調査対象となる10府県を選定した。全国学力テストにおいて、上位を占めるところ・中位を占めるところ・下位を占めるところのバランスを勘案してである。結果として選ばれたのは、秋田・神奈川・福井・大阪・兵庫・香川・高知・宮崎・沖縄の各自治体である。そして、文科省の協力のもと、全国学力テストのデータを統計的に分析し、「それらの自治体のなかで、相対的に社会経済的に恵まれないという条件下にありながらも、すぐれた学業達成を収めている学校」をピックアップした。そののち、各自治体の教育委員会の協力を得て、各自治体から特にがんばっている学校を小学校ひとつ、中学校ひとつ合計20校をノミネートしてもらい、私たちの共同研究メンバーによる訪問調査を実施した。その結果の全貌については、上記の報告書をご参照願いたい。

出てきた結果をひとことでまとめるなら、私たちのスクールバスモデルは全国でも通用するというものであった。力点の違いこそあれ、全国のがんばっている学校で、大阪で見出されたのと同様な項目が見出された。特に①の「気持ちのそろった教職員集団」と④の「すべての子どもの学びを支える学習指導」という2つの要因が、全国的に見た場合に最重要の項目として浮かび上がってきた。それに対して、数こそ少ないものの、スクールバスモデルにはカバーされていない項目もいくつか見出された。その主要な部分は、「地域からのサポートの大きさ」に関する項目である。各校レポートに見出される表現としては、「子どもの気持ちを育てる地域社会」「学校をめぐる人的な太いパイプ」「学校に育ててもらったというゆるぎない伝統」「地域・保護者の学校教育への高い期待感」「子どもにかける地域の熱い思い」といったものがあった。

スクールバスモデルのなかにも、⑤「ともに育つ地域・校種間連携」という項目が設定されている。しかし、スクールバスモデルが導き出された大阪では、いわゆる地域の教育力がゆらぎを見せはじめ、学校のイニシアチブでそれが再構築されつつあるというパターンが一般的だった。いわば学校が打って出ることによって、地域の活性化が図られていたのである。「地域連携」という言葉には、そのようなニュアンスがこめられている。しかしながら、秋田・福井・鳥取・高知・宮崎といった大都市圏をもたない地域がふくまれるこの調査では、「地域が学校を支えている」という側面が強かった。もっとふみこんでに言うなら、「地域あっての学校」という感覚である。「おらが学校」という伝統的な言葉が示すように、日本のなかの多くの地域では、地域が学校を守り育てるという構図がいまだ一般的であり、それが大阪などの都市圏とは色合いを異にするところである。大阪の場合では、学校という主体が地域とつながることによって、すばらしい教育コミュニティづくりがめざされるのだが、それらの地域では、そもそも「地域あっての学校」であり、主役はあくまでも地域住民である。このコントラストもまた、「つながり格差」という主題に直接かかわってくる社会的事象である。

6 「効果のある学校」から「効果のある教育委員会」へ

これまで私たちの研究チームが実施してきたいくつかの調査結果を参照しながら、学力格差を縮小する「効果のある学校」の考え方およびその中身についての考察を行ってきた。そうした研究に従事して6～7年経った頃、私の心境は微妙に変化しはじめた。

そもそもは、学力をめぐる「家庭の力」をくつがえす「学校の力」に着目し、学校がもつ可能性を見極めたいと考えてスタートした研究であった。学力面で成果をあげている学校、あるいはなかなか成果をあげられないでいる学校、さまざまな学校を見るなかで感じたのは、ほぼすべての学校で、大部分の先生方は子どもたちの学力向上に向けて「目いっぱい」努力しているという事実であった。教師は基本的にまじめである。さぼっている教師など、ほとんどいない。

「効果のある学校」や「力のある学校」を見出し、その特徴を洗い出し、そこにいたる道筋を明らかにする学問的努力は捨て去るべきではないが、あまりそれを強調しすぎるのもよくないのではと思いはじめたのである。欧米の学校に比べて日本の学校は「粒ぞろい」で、押しなべてがんばっているという研究成果がある（川口俊明「日本の学力研究の現状と課題」、労働政策研究・研修機構『日本労働研究雑誌』No.614、2011年）。また、PISA調査を主導しているOECDの責任ある立場にいるシュライヒャー氏は、日本の学校はきわめて平等主義的で、それに見合ったすぐれた成果を生み出しているという主張を、以前から行ってきた（シュライヒャー「OECD加盟国における生徒の学習到達度について」、日本教職員組合『どうなる、どうする。世界の学力、日本の学力』アドバンテージサーバー、2003年）。

学力の高さを、個々の学校の努力に帰する考え方は、当然のように、学力の相対的な低さをその学校の「いたらなさ」につなげて考えることになりやすい。いかにその学校の先生方ががんばっていようとも、である。「勝者」をつくれば、おのずと「敗者」が生まれる。「効果のある学校」をほめたたえることは、「効果のない学校」を貶めることにつながりやすい。その「負の効果」は、思いのほか大きいのではと考えるようになったのである。

欧米においても、「効果のある学校」研究の落とし穴として、それが「学校の力」を近視眼的に追究しすぎており、学校をとりまく政治や社会構造のあり様に十分に目配りしていないという欠点があげられている(P. Mortimore and G. Whitty, *Can School improvement overcome the effects of disadvantage?*, Institute of Education, University of London, 2000)。「学校の力」に注目することは大切であるが、それは決して万能ではないことに私たちは十分に自覚的であらねばならない。

例えば大阪では、橋下氏が知事の職についてから今日まで、いわゆる新自由主義的と呼ばれる考え方にのっとった教育改革が一貫して推進されている。新自由主義とは、簡単に言うと、教育の世界に競争原理や成果主義を積極的に導入することによって、全体のパフォーマンスを向上させていこうとするアプローチである。世界的には、1980年代以降、イギリスのサッチャーやアメリカのレーガンなどによって強く推進されたものであり、2010年代の今日では世界標準となりつつあるといってもよいやり方である。

橋下氏はある段階で大阪府知事から大阪市長に転身したが、今日の大阪市では新自由主義的な発想にもとづく極端な教育改革が断行されようとしている。柱となる事項は2つ、学校選択制の導入と民間人校長の積極的登用である。

学校選択制については、市長になるなり、橋下氏は全市一斉の学校選択制の導入というアドバルーンをぶちあげた。周囲や市民の反対もあり、結局は全体で24ある区の自主的判断に委ねるということになった結果、現状では約半数の区が学校選択制への移行を、残りの半数が現行の校区制の維持という方針を掲げる現状となっている。２０１４年4月から、学校選択制がスタートするが、そのゆくえが注目されるところである。一方の民間人校長の導入については、２０１３年度には市内の11の小・中学校に民間人校長が配置された。そのなかには、数か月で辞職した校長やセクハラで更迭された校長がおり、現場の混乱が続いている。２０１４年にはさらに20名の民間人校長が就任の予定であるが、これについても今後の紆余曲折が予想される。

橋下氏は、全国テストの学校別の結果公表という方針を打ち出しており、もしそれが実現すれば、上で述べたような私の危惧が、現実のものとなってしまうおそれが十分にある。すなわち、成績のよくない学校の点数の低さが、その学校の先生たちの「無能さ」「努力不足」にすりかえられ、集中的バッシングの対象となってしまうのである。それが学校選択制と結びついた時に何が起こるか。想像するにあまりある、大変残念な結果が生じるかもしれない。ただでさえ大阪では、教員の給与カット率も高く、教師のモラール（やる気）の低下が懸念されている。将来、大阪の教師になる人材が払底してしまうのではないか。考えただけでもおそろしい結末である。

先日訪問した福井で、元県教育長という方にお目にかかり、お話を聞く機会があった。「教育長として何を心がけたか」というこちらの問いかけに対して、返ってきた答えは「先生方を信頼して、現場の力に委ねること」であった。就任当時は第一次安倍政権の時代だったというが、中央から「降ってくる」さまざまな改革への圧力を敢然とはねのけ、福井の伝統風土に根ざした独自の教育改革に取り組んだという。橋下氏のそれと、全く逆のスタンスである。現場に任せておけば間違いないという健全な常識が、福井では機能している。

個々の学校が、そしてそのなかで働く一人ひとりの先生方がいかにそれぞれのよさを発揮できるか。それを保障するのは、市町村・都道府県教育委員会の役目である。大阪の状況を見ていると、問題なのは「個々の学校や教師のがんばり」ではなく、「その上位にある教育委員会、さらにその上にある政治の基本姿勢」であるように思われる。その意味でも、全国テスト上位県の福井の姿は、大阪にいる者としていささかうらやましく感じられる。

そうした問題意識を受けて、本書を締めくくる次章では、学力格差是正をめぐる教育政策の動向について、内外の状況をフォローしながら検討を加えていくことにしたい。

5章　学力格差克服のための政策的努力

前章では、学力格差の克服に対して学校ができることに焦点をあて考察を行った。具体的には、私たちがこの10年の間に積み重ねてきた「効果のある学校」研究で見出されたことがらを紹介してきた。そして、最後の部分で、学校の努力を支える教育行政の重要性について言及した。

本書を締めくくるこの章では、教育行政の役割をよりつっこんで考えるため、「教育政策」という次元、より限定的に言うなら「学力政策」の次元にフォーカスをあて、それが国内外でどのような現実を生み出しつつあるかについて検討を加えることにしたい。まず、本章の前半では、私がよく知るイギリスの事例に関して、その教育政策の歴史（1節）、および前世紀の最後から今世紀にかけて十数年にわたって政権を担った労働党の学力政策（2節）について見ていくことにしたい。後半では、学力をめぐる世界的トレンドのなかにこのイギリスの事例および日本の現状を位置づけたうえで（3節）、現時点における日本の学力政策の評価を行い（4節）、その課題を指摘することとしたい（5節）。

なお本章でイギリスの事例を中心的に見ていく直接の理由は、私が最もよく知る外国がイギリスであるという事情にあるが、理論的に言うなら、次のように述べることも可能である。すなわち、本章の後半で見るように、イギリスの状況は、世界と日本の行く末を先取りしているかの観があるからである。よその国の事情を知ることは、自分の国の現状を把握し、未来を構想するためには欠かせない作業となりうる。

1　教育政策の移り変わり――イギリスを事例に

この半世紀ほどのイギリスの教育政策の変遷は、私たちが日本の問題を考えるうえで興味深い視点を提供してくれる。まずこの節では、その変遷を簡潔に振り返っておくことにしたい。

ここでは4つの時期区分を設定し、その歴史をたどってみることにする。その4つの時期とは以下である。

(1)　1960～1979年（オールドレフトの時代）
　結果の平等、「口も出さない、金も出さない」

(2)　1979～1997年（ニューライトの時代）
　機会の平等、「口は出すけど、金は出さない」

(3) 1997～2010年（ニューレフトの時代）
可能性の平等、「口も出すし、金も出す」
(4) 2010年～現在（連立政権の時代）
はっきりとした特徴はまだ出ていない

順に見ていこう。

まず、(1)のオールドレフトの時代である。皆さんは、「ゆりかごから墓場まで」というスローガンをどこかで聞いたことがあるだろう。これは、福祉国家の考え方に裏づけられた、この時期のイギリスの充実した社会保障制度を形容するために用いられた言葉である。政権は保守党と労働党との間を行ったり来たりしていたが、基本的にこの時代は、労働党の方が優勢であった。「左翼」的な政党である労働党がリードしていた「古きよき」時代ということで、この時期を「オールドレフトの時代」と名づけることができる。

当時のことを実際に見たわけではないのでたしかなことは言えないが、まだ「大英帝国」の名残があるイギリスでは、懇切ていねいな社会保障システムが機能していたに違いない。それは、「結果の平等」という理念を体現するものであったはずである。赤ちゃんからお年寄りまで、だれもが安心して暮らせる社会。無料の医療・教育システム、手厚い失業保険、安定的な年金制度等々。しかし、そうした時期は長くは続かなかった。1970年代は、大英帝国がその面影を失い、斜陽期に入った時期である。景気は悪くなり、失業率が一気に上昇した。それが、次の時代をリードする、保守党のサッチャー氏を世に送り出す素地となった。

教育の世界に目を転じると、この時代はすこぶるのんびりした時代だったと回顧されうる。ある論者は、「口も出さないが、金も出さない」時代だったと形容している。口も金も出さないのは、中央政府である。つまり、この時代のイギリス政府は、教育の世界に余計な口出しをすることはなかったが、あまり極端に予算を教育に割り振ることもなかったようである。そうした状況のもとで、専門職たる教師たちは、自らがよしとする教育をかなり自由におし進めることができた。日本の学習指導要領にあたるものが存在しなかった当時のイギリスでは、極端に言うなら、文学好きな女性の小学校教員のクラスでは「国語」（イギリスなので、実体は英語）に偏った授業が行われたり、音楽の授業が不得意な男性教員のクラスではほとんど音楽の授業がなかったりしたそうである。信じられないような話だが、イギリスのある知人はかつてそのように話してくれた。

1970年代終わりに、保守党のサッチャー政権が成立する。サッチャー政権を実現させたのは、大英帝国の没落という歴史的事実であった。強い英国の復活を旗印にしたサッチャーが推奨したのは、徹底した自助努力である。食物雑貨商の家に生まれ育った彼女は、徹頭徹尾「たたき上げ」の人であった。「努力する者が報われ、努力しない者には容赦しない社会」を彼女は理想とした。その目標を達成するために、「サッチャリズム」と称される経済・社会政策を断行した。今で言うところの「新自由主義」である。きわめて保守的な考え方を維持してはいるものの、経済の領域を中心に断行した競争主義・成果主義にもとづく施策は大変斬新というか、苛烈なものであった。新たな「右翼」的スタンスということで、⑵の時期が「ニューライト」時代と呼ばれるゆえんである。

教育についても、サッチャーはきわめて積極的に介入しようとした。「金は出さないけど、口だけは十分に出した」のである。よく知られたところでは、1980年代に行った「教職員組合つぶし」がある。イギリスの教育は、先にも述べたように、のんびり・ゆったりしたものであった。しかし、それがゆえに、学力の低下が引き起こされているのだと、保守派は考えた。「教師がさぼっているから、子どもたちが育たないのだ」という発想。日本でも、折にふれて出てくる考え方である。サッチャーによって、教師の専門職性は著しく損なわれ、競争主義・成果主義が教育界を支配するようになった。

転機となったのが、サッチャー政権末期に成立した「1988年教育改革法」である。

この法律は、戦後最大の教育改革法だと言われている。詳細は他著（志水宏吉『変わりゆくイギリスの学校─「平等」と「自由」をめぐる教育改革のゆくえ』東洋館出版社、1994年）にゆずるが、改革の柱となったのが次の2つの政策である。第一に、「学校の自律的経営と学校選択の自由」の導入。第二に、「ナショナルカリキュラム（以下NC）」とナショナルテスト（同NT）」の実施。

「学校の自律的経営」とは、学校に予算権と人事権を与える措置を指す。ご存知であろうか。日本の公立学校では、教育委員会が配分した予算と、配置した教職員によって教育が行われる。「どのようにお金を使うか」「どのように人を雇うか」という点については、ほとんど学校（＝校長先生）は裁量の余地をもたない。与えられた予算と人員の範囲内で勝負するのみである。それほど極端ではないにせよ、かつてのイギリスの公立学校でも事情は同様だったはずだ。それが、その法律の成立によって事情は一変した。イギリスの公立学校は、あたかも「私学」であるかのように振る舞えるようになったのである。最も大きなことは、好きなように自校で働く教員を選べることだろう。それと同時に、保護者の側には学校選択の自由が一挙に与えられることになった。要するに、公立の学校が自由に特色ある学校をつくれるようになり、合わせて親や子どもが好きな学校を選べるようになったというわけである。新自由主義者サッチャーの面目躍如というところである。

そのうえで、NCとNTが導入されることになった。先ほども述べたように、読者の皆さんは驚かれるだろうが、1988年までイギリスの学校には、日本の学習指導要領にあたるものが存在しなかった。だから、（特に試験のプレッシャーが少ない小学校では）好きなように教えることがかなりの程度実現できたのである。日本人からするとそれまで存在しなかったことが不思議だが、1988年以降「何を教えるべきか」にかかわる基準が設定されるようになったのである。それに合わせて、NTが実施されるようになった。これまでも何度か述べたように、日本でも2007年以降全国学力テストが実施されているが、イギリスのNTは、その内容もさることながら、その学校別の結果が逐一公表されるという点で驚かされるものである。地域別・学校別の結果を見ようと思えばいつでも、インターネットで見られるような形になっている。

前者（自律的経営と学校選択）によって、それぞれの学校は絶えざる競争状態におかれている。そこでは、後者（NCとNT）をゲームのルールとする「学力獲得コンクール」が展開されている。いわば学力を商品とする「市場」がそこに存在しているのである。サッチャーがもくろんだのは、新自由主義的な発想にもとづく「市場」を教育界に出現させることであった。それはものの見事に成功した。市場的競争によってこそ、教育のパフォーマンスは向上するという発想。現にサッチャー改革によってイギリス人の学力・教育水準は向上し、イギリスの経済力がかなりの部分回復したことは事実である。しかしその改革は、「弱肉強食」の世界を出現させるものであり、多くの犠牲や痛みを伴うものであった。具体的に言うなら、社会経済的にきびしい地域にある学校の多くは、学力的にふるわないことで入学者が集まらず、「沈没する学校」（sinking schools）と呼ばれ、時には閉校の憂き目にあうこともあったのである。私は１９９０年代初頭にイギリスに長期滞在する機会を得たが、その際にたいへんお世話になったある校長先生は、50代半ばで早期退職をした。「もうたくさんだ」という言葉を残して。

サッチャーは、教育の場に経営の論理を持ち込んだとされる。教育者としての道を一筋に歩んできたその校長先生には、サッチャリズムが席捲する教育界の変化が我慢ならなかったようである。30代前半だったその頃には今一つピンと来なかったが、今その年代にさしかかっている現在の私には、当時の校長先生の気持ちが痛いほどわかる。

サッチャーを引き継いだのはジョン・メージャー。氏は忠実にサッチャー路線の継承を図った。そして、保守党政権が18年めを迎えた１９９７年、イギリス国民は政権交代の道を選んだ。労働党のブレアの登場である。

そこから２０１０年までの足かけ14年間を、イギリスでは「ニューレイバー」（新しい労働党）の時代と呼ぶ。ここでは、それに先立つ2つの時代（「オールドレフト」「ニューライト」）の呼び名に合わせて、「ニューレフト」という言葉を使っておくことにしよう。ニューレフトの政治路線は、当時「第三の道」と称された。自分たちの大先輩であるオールドレフトの福祉国家観（第一の道）でもなく、長年のライバルであるニューライトの徹底した新自由主義（第二の道）でもない独自路線を切り拓いていくこと。それが、「第三の道」という言い方にこめられた気持ちである。

第一の道における「結果の平等」、第二の道における「機会の平等」と対比させる第三の道の理念として、「可能性の平等」という言葉をあげておくことができよう。「機会の平等」自体は重要な考え方であるが、ブレアはそれだけでは足りないと考えた。個人の生活条件自体に格差がある現代社会では、スタートラインを物理的にそろえるだけでは、もろもろの社会経済的格差はなくならないどころか、むしろ拡大していく危険性が大である。重要なのは、個々人が自らのもつポテンシャルを最大限に発揮できるような環境を整えることである。具体的には、いかに「しんどい層」の生活条件を支えるかという問題である。個々人の可能性が平等に発揮されるように、種々の社会的条件を整備すること。ブレア率いるニューレイバーは、そのことを「可能性の平等」と呼んだのである。

「口は出すが、金は出さない」サッチャーとは異なり、ブレアは「口も出すが、金も出した」。しんどい層の生活を支えるための予算を、ふんだんに用意したのである。1990年代後半からのイギリスの好景気が、そうした政策スタンスを可能にした。要するに、自由にできるお金が潤沢にあったのである。思い返してみると、私たち家族が生活した1990年代初頭のイギリスはいまだ景気がよくなく、ロンドンは多くのホームレスの人々の姿を目の当たりにすることがあった。それに対して、ブレア2000年代に入ったあたりのイギリスでは、社会の雰囲気は見違えるようであった。の町は急に若返ったように活気にあふれ、ホームレスの姿を見る頻度は急激に低くな

　そうした状況のもとで、ブレア政権は、教育の分野においても、徹底してしんどい層を支えるための施策を矢継ぎ早に打った。その具体的な内容については、次節で見ることにする。いずれにしても、ブレアが採用したのは、「環境を整えたうえで、自由な競争を展開させる」という手法である。むき出しの競争をさせるサッチャー路線よりはマイルドではあったが、しかしながら、競争を是とし、結果の不平等もいとわないという意味で、ブレアの第三の道は、「第二の道の修正バージョン」と表現できなくはない。労働党の先輩たちが理想とした「結果の平等」は、ブレアにとっては主要な関心事ではなかった。

　1990年代から2000年代にかけて「わが世の春」を謳歌したブレアであったが、

アメリカのイラク戦争に積極的に関与したことをターニングポイントとして支持率が低下し、2007年に労働党の党首の座をブラウンにゆずることとなった。首相となったブラウンは党勢を回復することができず、2010年の選挙で敗退。(4)の連立政権の時代に入ることになる。この連立政権は、比較第一党となった保守党と第三党である自由民主党との連立によって成立したものである。イギリスの現在（2014年）の首相は、保守党党首のキャメロン。政権を担当して、間もなく4年めを迎えようとしている。

連立政権下の教育政策は、サッチャー時代・ブレア時代と比べると、すこぶる特徴が見えにくい、地味なものとなっているように見受けられる。次に見るように労働党政権下では多様な方策が採られていた学力格差の是正という課題に対しては、「ピューピル・プレミアム（pupil premium）」という施策に一元化された。これは、その学校に在籍する無食（フリー・スクールミール）受給者の数に応じて特別予算を配分するというや、いうわけたとえば、5人いれば5人分、100人いれば100人分のお金が入っもよし、教材をである。その資金の使い方は、すべて学校の裁量に委ねられる。買うもよし。

悪くないやり方だとは思うが、全体として「しんどい層」に割り振られる予算の額は、労働党時代に比べるとかなり減少しているようである。景気自体が悪化しているため、そもその「パイ」が小さくなっているという背景があることを見落としてはならないが、「ピューピル・プレミアム」策を採ることは体のよい合理化だと言うこともできる。次に見るように、ブレア政権下のイギリスでは、ふつうの日本人には想像もつかないようなさまざまな学力格差是正策が採られていたのだから。

2　ブレア政権下の学力格差是正政策

この節で注目したいのは、ニューレイバー（1997～2010年）の学力格差是正策である。私見では、ブレア・ブラウン時代の学力格差是正策は、おそらくこれまでの世界の歴史のなかで最も徹底したものではなかったかと感じている。次節でふれるが、2008～2010年の3年間、私は「学力政策の比較社会学」という共同研究プロジェクトを組織し、メンバーとともにさまざまな国で現地調査を行った。その成果の詳細については、以下の文献をご参照いただきたい（志水宏吉・鈴木勇『学力政策の比較社会学【国際編】』明石書店、2011年）。そのプロジェクトのなかで、私は3年間にわたって、イギリス第二の都市であるバーミンガムと第三の都市であるマンチェスターを継続的に訪問したが、そこで見聞きしたイギリスの状況は、すこぶる新しく、かつ大きな驚きに値するものであった（なお、本節での論述は、以下の文献と一部重複するものであることをお断りしておく。志水宏吉「労働党政権下の学力向上策—新自由主義のフロントランナーとして」、志水・鈴木前掲書、28〜53頁）。

学力格差是正の具体策に入るまえに、当時のイギリスの学校の状況について若干の説明をしておかなければならないだろう。

ニューライト時代にNCとNTが導入され、各学校の結果が公にされるようになったことは、すでに述べた通りである。テスト結果の一覧表は、サッカーの順位表になぞらえて「リーグテーブル」と呼ばれる。各校はリーグテーブルの順位をあげるための競争に日常的にさらされることになった。それだけではない。労働党政権下でよく聞かれるようになった言葉に「プロファイリング」というものがある。それは、子どもたちの日々の学習の積み重ねを丹念に評価し、NCの「ものさし」上に整理していく作業を意味する。イギリスの教師たち、そして子どもたちは、半ば永遠のプロファイリングの過程に組み込まれているように見受けられた。

もう少し詳しく言うと、次のようなことである。すなわち、イギリスのNCにおいては、各教科で1～8のレベルが設定されていて、NTあるいはより日常的なレベルのテストによって、子どもたちの力が判定されている。たとえば、7歳児のAくんは、英語が2、数学が3、テクノロジーも3というように。学校教育をスタートする時点では「1」が、そして義務教育終了時点では「8」が望ましい到達レベルとして想定されている。その数値をあげていくことが、子どもたちの日々の学習の目標とされるわけである。そうして記録されていく子どもたちのパフォーマンスの集積物が、各学級・各担当教員、ひいては各学校のパフォーマンスの指標となる。それぞれの教員は年度初めに自己の「目標」（＝ノルマ）設定を行うことになっている。年度末の段階でのその達成状況が、次年度の報酬や待遇にはね返ってくるのである。

これを聞いて、「ずいぶんせちがらいんだなあ」と感じる読者の方々も多かろう。その通りである。あたかも企業の営業担当のように、教師たちには「結果」を残すことが求められている。いいか悪いかというと、あまりよくないではないか、と私などは率直に感じる。しかし、今日のイギリスにおいてはそれが常識なのであり、他の選択肢はありえない。

さて、サッチャー時代にはやみくもに学力向上が追求されたわけではあるが、「可能性の平等」を掲げるニューレイバーの視点は違った。要するに、「しんどい層」を支えるという視点が強く打ち出されたのであった。標準語的に言い換えるなら、「教育的に不利な環境のもとにある層」の下支えが志向されたのである。では、その場合「しんどい層」とはだれのことか。これについての労働党のスタンスは、シンプルかつきわめて明確なものであった。「無料給食受給者」がその答えである。前節で見た、現連立政権の施策の柱である「ピューピル・プレミアム」も、その基準を踏襲していることになる。日本にも、所得水準が低い家庭のために就学援助制度というものが用意されているが（適用基準は自治体によって異なる）、それに近い性質をもつものと理解していただければよいだろう。

労働党は、一貫してしんどい層の底上げにこだわった。その結果として生じたものを象徴するデータとして、図５－１をあげることができる。これは「箱ひげ図」と呼ばれるものである。

この図は、義務教育終了段階での成績を、学校が置かれた社会経済的位置別（指標としては、無料給食受給者＝ＦＳＭの比率別）に見たものである。箱ひげ図のひげは、そのカテゴリーに位置する学校のうち、上位５％から25％と下位５％から25％に入っている学校の成績を意味している（最上位５％と最下位５％を除くのは、それが「はずれ値（極端な値）」をとりやすいからである）。そして箱は、上下25％ずつを除いた残りの50％の成績を表示する。真ん中の線が平均点である。

３つの箱ひげが隣接するうちの一番左側に位置するうすい色の長方形は、ニューレイバ

（図５－１）学校の「しんどさ」と学力の関係（1999年から2008年）

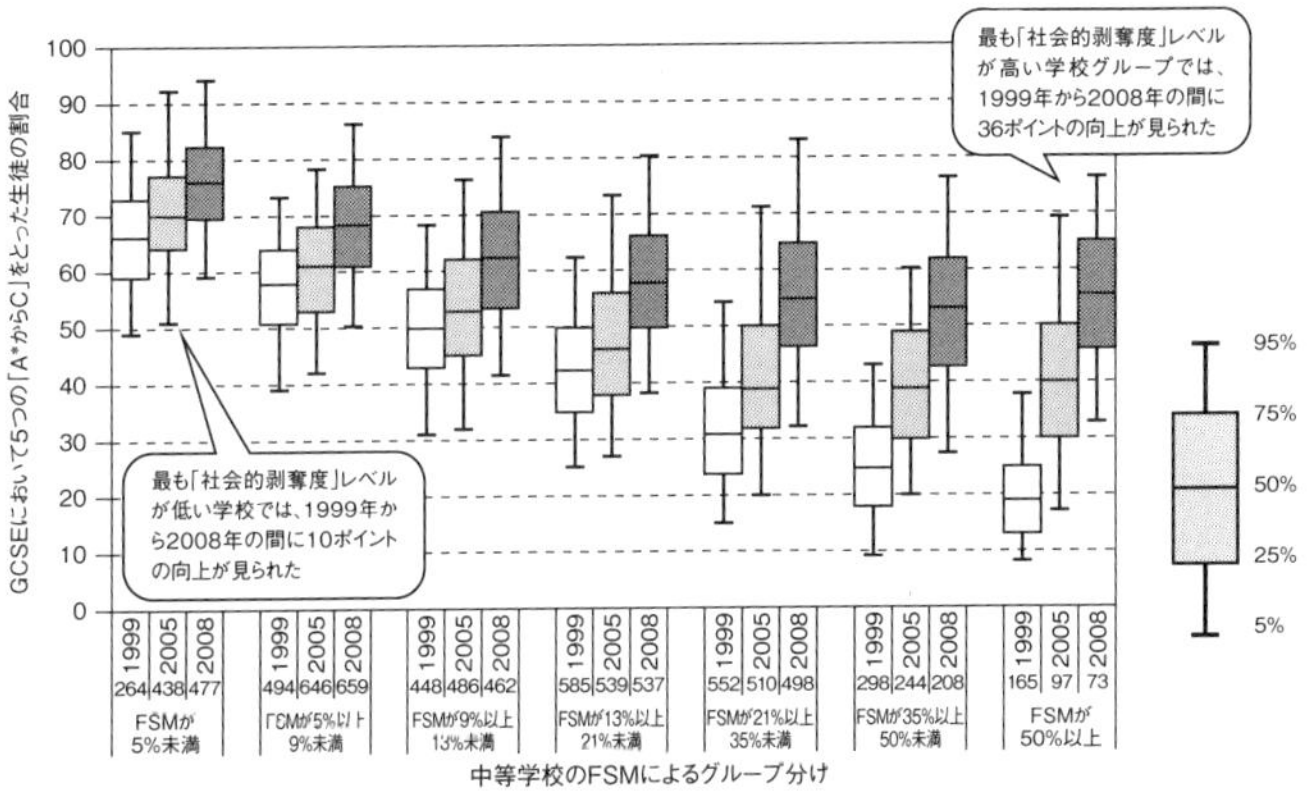

（出典）DCSF, Breaking the Link between disadvantage and low attainment, 2009

ーがスタートして間もない１９９９年の結果である。ＦＳＭの比率が高いほど（＝グラフの右側になればなるほど）、右肩下がりになっていることがわかる。すなわち、成績が直線的に悪くなっていくのである。これは、日本の現状と近いグラフである。それが、２００５年の結果を表す真ん中の長方形（中ぐらいのうすさの長方形）となると、いちばん右端の「ＦＳＭ比率が50％以上」の学校群の結果が上昇傾向を示し出す。そして、２００８年の結果を意味する最も濃い色の長方形になると、しっぽがはね上がる形になっていることが見てとれよう。すなわち、「50％以上」の学校群の学力水準が、その次のカテゴリーである「35～50％」のそれを追い抜くという驚くべき結果となっているのである。

その結果は明らかに、最もしんどい地域に立地する学校に在籍するＦＳＭ生徒の学力向上に重点的に取り組んだ成果だと見ることができる。すなわち、１９９９年から２００８年にかけての10年間で、経済的に最もしんどい地域の学校の学力水準を全国的に引き上げることに成功するという、日本ではほとんど起こりえないような成果をイギリスは収めることができたのである。これは、明らかに政策の力である。イギリス政府が公表しているこのグラフを初めて見たとき、私は腰を抜かしそうになった。壮大な社会実験によって、私たち教育社会学者にとって「想定外」の結果がもたらされていたのだから。

ニューレイバーの学力格差是正策は、きわめて包括的なものであった。それをここでは、⑴個人を支えるもの、⑵学校を支えるもの、⑶地域を支えるもの、という３つに分けて、代表的な施策を見ておくことにしよう。

第一は、学力がふるわない子どもに直接働きかけるものである。最も代表的な施策が、「一対一の個人指導」（one-to-one tuition）というものであった。これは、各校に在籍する一定割合の低学力層（初年度にあたる２００９年度は３・５％、翌２０１０年度は７％と設定されていた）を対象にして、放課後か土曜日に、教員免許を有する者が10時間程度の個人教授を行うというものである。ピンポイントで学習上のつまずきをクリアするだけでなく、学習に対するやる気を取り戻させることがその事業の大きな狙いであるとうたわれていた。これを全国で行うということだったので、予算額は天文学的数字に達していたが、翌2010年に政権交代が起こったので、この施策は短命に終わった。

私の友人は、校長職をやめてまで、ある地方教育委員会の「一対一の個人指導」担当として各地の学校を飛び回るという仕事に就いたものの、政権交代によってそのポストはほどなく整理されてしまった。イギリスでは、よくあることのようであるが。

第二に、学校を支える施策である。この点について忘れられないのが、バーミンガムでの思い出である。教育委員会で話を聞いた際に、「ラグ（RAG）レイティング」というものを知った。これは、各学校の成績にもとづいて教育委員会が行う「格づけ」のことである。RAGとは、red（赤）、amber（黄）、green（青）という、信号の3色ライトの頭文字をとったものである。NTの結果が非常に悪い場合が「赤学校」、それほどひどくはないが、「数学が弱い」とか、「管理職のリーダーシップに課題あり」といった課題を有している場合が「黄学校」、放っておいても大丈夫と判断される場合は「青学校」と格づけされる。「赤学校」には市教委が積極的に介入するが、改善が見られない場合には閉校にいたる危険性もあるということだった。介入の中身としては、学校側との協議のうえで「英語と数学に15日、生徒指導に10日を割く」といった計画が策定されるという。「日」とは、市教委から指導主義が派遣される日数のことを指す。こうした特別措置をとるために、中央政府からバーミンガム市に2億円ほどの資金が配分されているということだった。

さらに、それ以外の経費として、別に6億円ほどの予算が来ており、各学校の成績にもとづいて「逆比例」配分されていた。「しんどい学校」により多くの予算が配分されるということである。ある指導主事が言った。「先日ある学校がジャマイカに出かけたのですが、その学校の教員が『悪い成績をとったご褒美だ』と言ってましたね」。要するに、配分されたお金でジャマイカにまで「遠足」に出かけることができたというわけである。私たちが聞き取りをしたある校長は、次のように語ってくれた。「この町には、お金がたくさん来ています。でも、あるタイプの学校では、お金が答えにならないこともあるんです。私たちに足りないのは、質のよい教員・スタッフです。仲間の校長は、『お金はいらない。私を手伝ってくれる2人の優秀な理科の先生がほしい』と言っています。要するに、問題はどう人を集めるかです」

第三に、しんどい地域を支える施策についてふれておきたい。この点について特筆されるべきは、シュアスタート（sure start）プログラムである。これは、かつてのアメリカのヘッドスタート政策に類似したもので、子どもの貧困対策に重きをおく包括的な福祉・教育プログラムである。社会経済的な困難をかかえる家族・子どもたち（0～5歳）にターゲットをしぼり、さまざまな支援活動を展開している。その中核に位置するのが、シュアスタート・センターである（２０１０年より「チルドレンズ・センター」という名称を用いるようになっている）。

　私たちがマンチェスター市で訪問したのは、市内で最も社会的剥奪度が高い地区に立地するセンターで、もともとある保育所に隣接してつくられた併設型施設であった。３階建てのすばらしい施設であり、パートタイムも含めれば50人ほどにものぼる充実したスタッフの陣容であった。スタッフには、ソーシャルワーカーだけでなく、医師・看護師・言語療法士・カウンセラー・助産師など、さまざまな業種の人々がふくまれており、０～５歳の乳幼児と彼らの若い保護者を対象にして、種々の講座やクリニックを開くだけでなく、幅広い家庭支援やアウトリーチ活動を行っていた。私たちが訪問した際には、坊主頭の若い所長さんが、「今度は若い父親に子育ての心得や楽しさを伝える『父親クラブ』を土曜の午前に開設する予定です」と、にこやかに話してくれたのが印象的だった。

　労働党下の教育政策のなかで、最も成果があがったのがこのシュアスタート・センターだと言われている。たしかにビジターの私たちにもそう感じられた。学力の問題を考えていると、「学校にあがってからではもう遅い」と感じることがある。家庭環境のなかで培われた学習習慣や学習意欲がその後の学力形成には決定的であり、学校の指導だけではいかんともしがたいという側面がやはりある。労働党は、早期介入が最も効果的なお金の使い方だと判断して、シュアスタートの設置や幼児教育機関の充実を試み、一定の成果をあげたと言っていいだろう。

ただし、次のような話も聞いた。センターの講座で、若いお母さんたちに幼い子どもの近くでは電気ポットでお湯を沸かさないように指導するという。不用意に子どもにやけどを負わせないためであるが、そのせいもあって、実際当該地域における消防車の出動件数が減ったという。教育の効果があったのである。それだけ聞くとよい話のように聞こえるが、実はこの話には裏がある。センターの成果指標に「消防車の出動件数を減らせる」という項目があり、それがゆえにそのような講座を開くことになったというのである。サッチャー以来の成果主義は、労働党政権以降もどっかと根をおろしている。学校の先生にとって子どもの成績をあげることがノルマになっているのと同じように、家庭支援の機関でも厳密に成果指標が定められ、その達成度によって翌年の予算が増減するという仕組みが完璧に整備されている。がんじがらめの状態である。職員たちは使命感をもって地域の若い保護者と懸命にかかわっているが、最終的に彼らの働きは数値で評価される定めである。寂しいといえば、寂しい話ではある。

3　学力格差是正をめぐる世界の動向——どこに向かおうとしているのか

上に述べたようなイギリスの状況は、極端なケースであろうか。あるいは、他の国々も同じような方向に向かって、学力政策を立案・実施しているのだろうか。

先に述べた2008～2010年に実施した国際比較調査から導き出された主要な結果のひとつが、図5-2である。この調査では8か国が対象となった。それらは、イングランド（図中ではENGと表記、以下同じ）、スコットランド（SCO）、フィンランド（FIN）、ドイツ（DE）、フランス（FR）、オーストラリア（AT）、アメリカ（US）、ブラジル（BR）という顔ぶれである（本章ではこれまでずっと「イギリス」と言ってきたが、厳密に言うなら、これはイギリスの中心部分を占める「イングランド」のことである。イングランドの北方には、ウィスキーやバグパイプで有名な「スコットランド」がある。「ウェールズ」「北アイルランド」をふくむ4つの地域がいわゆるイギリス（united kingdom＝連合王国）を構成しているのだが、スコットランドはイングランドとは異なる教育システムを有しており、さらにそれと対照的な教育・学力政策を採って

（図５－２）教育政策における新自由主義的要素の強さ

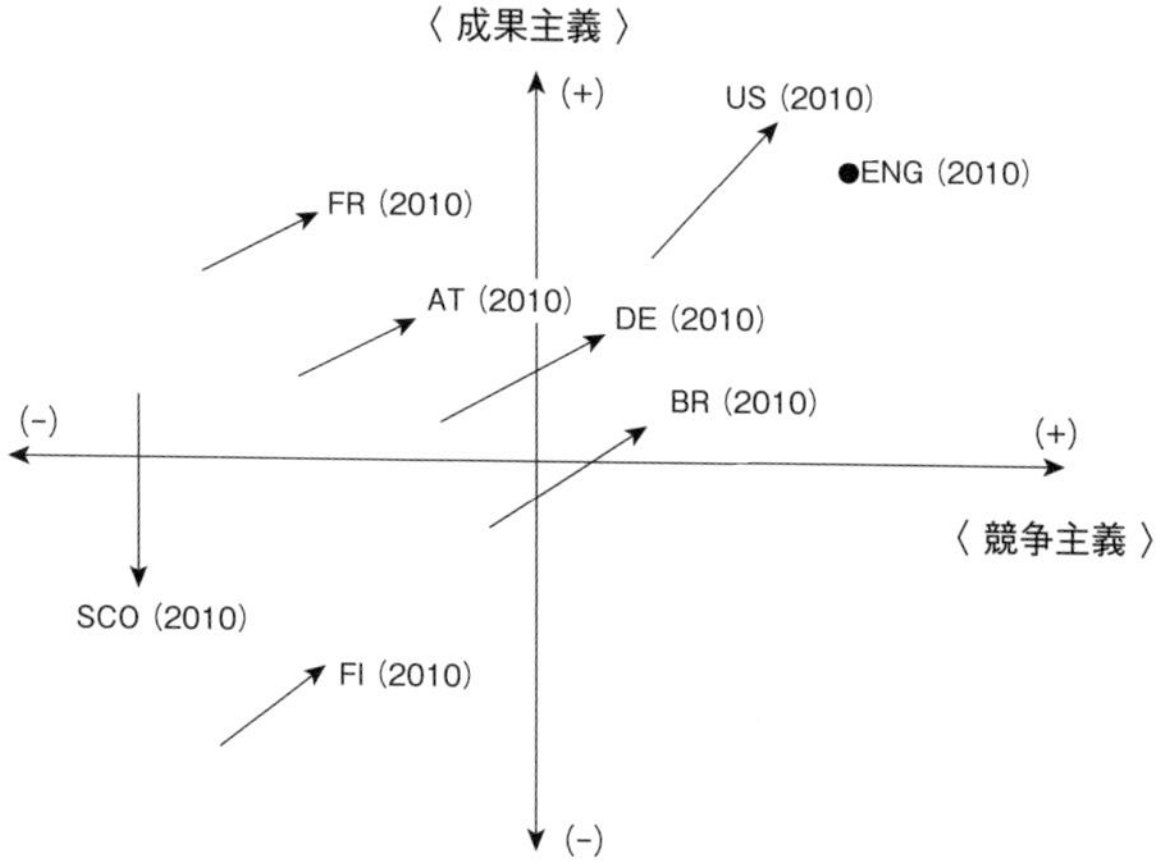

（出典）志水宏吉・鈴木勇『学力政策の比較社会学 国際編』2012年、明石書店、239頁

いる。したがって、本項で述べる調査では、その2つを別物として扱った。しかし本書では、通常の言い方にしたがって、「イングランド」ではなく「イギリス」という表現を用いていることを改めてお断りしておく）。

さて、この図が表示しているのは、各国の教育政策において、新自由主義的な色彩が10年間（２００１年から２０１０年にかけて）でどの程度強まったかという点である。各国について、矢印の始点が２００１年時点での、終点が２０１０年の時点での位置を示している。すなわち、矢印の位置と向きが、各国の教育政策の変化を表しているのである（この矢印は、あくまでも私たち研究チームの主観的評価にもとづくものであり、何らかの客観的指標にもとづくものではない)。

座標軸には、「競争主義」(X軸)と「成果主義」(Y軸)という2つの軸を設定した。競争主義とは、「教育の現場にどれほど市場原理が導入され、競争主義が重視されているか」を、成果主義とは、「国家が教育現場に対して、成果管理という点でどれほど強い影響力を及ぼしているか」を表す尺度である。

図を見ていただくと、イギリス(ENG)の位置が、第一象限の黒丸で表示されていることがわかるだろう。この10年間一貫してイギリスでは、競争主義・成果主義の強度が変化していないということを、この黒い円は示している。そして、座標軸上の位置はそれぞれだが、一番左側に表示されているスコットランド(SCO)を除くすべて(6つ)の国の矢印が、「右肩上がり」のベクトルになっていることが知れよう。あたかも、イギリスの黒丸に引きつけられるかのように。要するに、私たちの調査対象国のほとんどが、イギリス流の新自由主義に向かいつつあるということである。そのなかには、PISAテストで「学力世界一」とうたわれた北欧のフィンランドや新興国ブラジルまでもが含まれる。端的に言うなら、新自由主義が一種の世界標準になり、多くの国での教育改革をガイドする役割を果たしつつあるのだ。

もともと新自由主義には、「小さな政府」をめざすものとして構想されたという経緯がある。福祉国家観を代表とする「大きな政府」とは対極的な政治哲学がそこにはあるはずだが、実際には、「小さな政府」の推奨は国家の財政難に端を発していると見ることもできる。すなわち、「国家の役割は小さい方がよい」とする価値観と「財政出費は少ない方が楽」という現実的要請とが組み合わさって、新自由主義の考え方が世界の主流になりつつある現状があるのだ。その先端を行くのがイギリスであり、そしてアメリカである。

では、新自由主義的な教育改革を進めることで、各国は何をめざしているのだろうか。いち早く新自由主義的改革に着手したイギリスでは、子どもたちの学力・教育水準の向上が至上命題であった。あからさまな表現をすれば、できるだけお金をかけずに教育のパフォーマンスを向上させようという動機のもとに導入されたのが、サッチャー政権下の教育改革であった。前節に見たように、その後の労働党政権下では一定の路線修正が図られる。すなわち、「しんどい層」を支えるために多くの資金が費やされるにいたった。それは、労働党の精神を具現化する試みだったと言ってよい。イギリスの好景気がその政策を支えた。

今日の各国がめざしているものも、やはり子どもたちの学力の向上だと言ってよい。2000年からスタートしたPISA調査が、疑いもなくその動向に拍車をかけている。

3年おきに実施される調査の結果が数値化され、世界の学力ランキングが公表されている。当初はOECD加盟国を中心に32か国が参加したが、その数はうなぎのぼりであり、2012年調査には65か国が参加したという。

ここで「卓越性」(excellence)と「公正」(equity)という概念を導入しておきたい。前者は「教育の質をできるかぎり高めること」、後者は「すべての子どもに十分な教育を保障すること」を意味する学術用語である。これらの言葉を学力にひきつけて、イギリスの労働党はシンプルに言い換えている。すなわち、前者は「全体の平均値を上げること」であり、後者は「集団間のばらつきを小さくすること」であると。要するに、子どもたち全体の学力水準を上げることが卓越性の実現であり、社会集団間(具体的には、無料給食を受けている子と受けていない子)の学力格差を縮めることが公正の達成であるとするのである。この視点から見た場合に、各国の動向をどのように位置づけることができるかを示したのが、次の図5－3である。

横軸に「公正」(＝格差是正)、縦軸に「卓越性」(＝水準向上)をとり、先ほどと同様に8か国の動きを示してみたものが、図5－3である。図からは、水準向上の軸においてフランスが真ん中よりやや下に位置するが、他の7か国はすべて第一象限に集まっていることが見てとれよう。つまり、ほぼすべての国で、学力水準のみならず、学力格差の是正が21

（図5－3）学力政策の重点

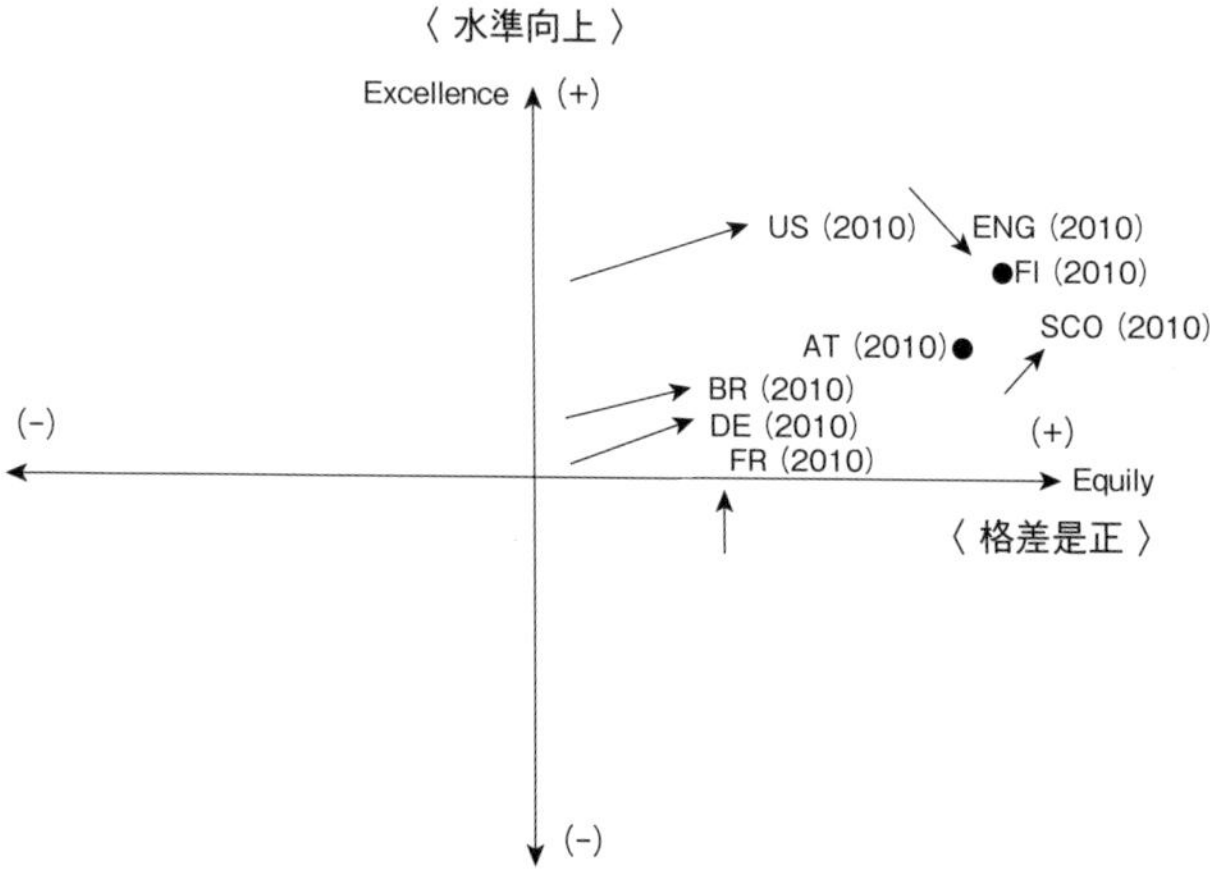

（出典）志水宏吉・鈴木勇『学力政策の比較社会学 国際編』2012年、明石書店、242頁

世紀になって積極的に取り組まれてきたということがわかる。

もう一点図で注目されるのは、当初（２００１年）はそれほど格差是正に熱心でなかった3つの国、アメリカ（ＵＳ）、ブラジル（ＢＲ）、ドイツ（ＤＥ）で、右肩上がりの矢印が相対的に長くなっていることである。つまり、これらの国では、２００１年から２０１０年にかけて格差是正の機運が大きく高まったということである。実はこれらの国々は、２０００年に実施された初回のＰＩＳＡ調査において、結果がふるわなかった国々である。ブラジルは32の参加国中最下位の成績であった。またドイツでは、平均点以下の結果となり、「ピサショック」と言われる激震が教育界に走ったと言われている。そうした危機感にもとづき、「低学力層を何とかしないといけない」という問題意識が、それらの国では急激に高まったというわけである。唯一例外的な位置づけにあると思われたフランスも、2007年以降サルコジ政権下で新自由主義的改革が加速化し、さらに2012年以降のオランド社会党政権下では格差是正のための積極的な施策が採られはじめようとしている。

これまで世界の国々の動向を見てきた。フロントランナーとして新自由主義の道をひた走ってきたイギリスは、現在、ニューレイバーが敷いた格差是正を重視する改革路線のうえにある。そして、他の国々も多かれ少なかれ、イギリスがたどった道を模索中である。

改めて考えてみるなら、この道は「いばらの道」であると言える。まず、教育を受ける側（＝子ども）の視点で考えてみよう。いくら環境面での改善が期待されると言っても、競争は競争である。常に「勝者」が生まれれば、「敗者」も産出される。公正の原則が重視されると言っても、かつてのように「結果の平等」が追求されることはない。スタートの時点での不平等をなくすために、積極的に家庭への経済的・文化的・社会的支援が取り組まれたり、幼児教育の充実が図られたりするわけではあるが、いったん「ゲートイン」すれば、彼らにはマラソンレースのような長い競争のプロセスが待ち受けている。もちろんレースの途中にもさまざまな支援策はあるが、彼らは走り続けなければならないのである。

次に、教育を用意する側（＝国や地方の教育行政）の視点で考えてみよう。まずは、結果を出さねばならない。でないと、競争相手に太刀打ちできなくなってしまう。そのためにいろいろな手立てをとるわけであるが、それを実現するための財源は限られている。理想通りには行かない。また結果を出そうとすればするほど、おそらく種々の「格差」は広がっていく。そのために、合わせて「格差是正策」を考案・実施し続けなくてはならない。それは、「マッチで火をつけながら、火が大きくなると自らがポンプで消火する」という、マッチポンプのようなものである。

グローバル化した世界のなかで、各国がいやおうなく学力獲得レースに参加する状況ができあがっている。そのなかで、日本はどのような位置にあると考えればよいだろう。日本の学力政策は、正しい道を行っていると言うことができるのだろうか。

4 日本の現状を振り返る

まさにこの章を書いているさなかに、PISA2012の結果が公表された。その結果は、目を見張るようなものであった。読解力・数学リテラシー・科学リテラシーのいずれの科目においても、日本の結果は前回からかなり上昇し、過去最高の数値となっている。特に読解力においては538点と、上海・香港・シンガポールに次いで4番目の好成績である。それら3か国・地域が参加していないPISA2000では、フィンランドの成績がトップで、日本は8番めという結果であり、先にあげた今回のトップ3のアジア諸国・地域は参加していなかった。もしその3か国が今回（2012）のものにエントリーしていなければ、日本は世界一に躍り出ることになったという勘定になる。

ちなみに読解力の点数を第1回から第5回まで並べてみると、522点↓498点↓498点↓520点↓538点とまさに「V字回復」とも表現される結果となっている。国や文科省は、ほっと胸をなでおろしているだろうと推測される。

私たちが上述の調査の成果をまとめていた2011年の時点では、第4回（PISA2009）までの結果しか出ていなかった。第4回めの結果はそれまでよりはずいぶん持ち直したものの、国内外の調査結果や政策の動向を総合して、私たちのグループ内では、日本の格差対策の状況は「お寒い」という評価を下していた。すなわち、「日本の教育行政は、学力格差の拡大という趨勢に対して、ほとんど対策を立てていない」という現状を批判したの

（表５－１）PISA2012 年調査における平均得点の国際比較

順位	数学的リテラシー	平均得点	読解力	平均得点	科学的リテラシー	平均得点
1	上海	613	上海	570	上海	580
2	シンガポール	573	香港	545	香港	555
3	香港	561	シンガポール	542	シンガポール	551
4	台湾	560	日本	538	日本	547
5	韓国	554	韓国	536	フィンランド	545
6	マカオ	538	フィンランド	524	エストニア	541
7	日本	536	アイルランド	523	韓国	538
8	リヒテンシュタイン	535	台湾	523	ベトナム	528
9	スイス	531	カナダ	523	ポーランド	526
10	オランダ	523	ポーランド	518	カナダ	525
11	エストニア	521	エストニア	516	リヒテンシュタイン	525
12	フィンランド	519	リヒテンシュタイン	516	ドイツ	524
13	カナダ	518	ニュージーランド	512	台湾	523
14	ポーランド	518	オーストラリア	512	オランダ	522
15	ベルギー	515	オランダ	511	アイルランド	522
16	ドイツ	514	ベルギー	509	オーストラリア	521
17	ベトナム	511	スイス	509	マカオ	521
18	オーストリア	506	マカオ	509	ニュージーランド	516
19	オーストラリア	504	ベトナム	508	スイス	515
20	アイルランド	501	ドイツ	508	スロベニア	514
21	スロベニア	501	フランス	505	イギリス	514
22	デンマーク	500	ノルウェー	504	チェコ	508
23	ニュージーランド	500	イギリス	499	オーストリア	506
24	チェコ	499	アメリカ	498	ベルギー	505
25	フランス	495	デンマーク	496	ラトビア	502
26	イギリス	494	チェコ	493	フランス	499
27	アイスランド	493	イタリア	490	デンマーク	498
28	ラトビア	491	オーストリア	490	アメリカ	497
29	ルクセンブルク	490	ラトビア	489	スペイン	496
30	ノルウェー	489	ハンガリー	488	リトアニア	496
31	ポルトガル	487	スペイン	488	ノルウェー	495
32	イタリア	485	ルクセンブルク	488	ハンガリー	494
33	スペイン	484	ポルトガル	488	イタリア	494
34	ロシア	482	イスラエル	486	クロアチア	491
35	スロバキア	482	クロアチア	485	ルクセンブルク	491

＊36 位以下は省略

	OECD 平均	494	OECD 平均	496	OECD 平均	501

国　名	OECD 加盟国
国　名	非 OECD 加盟国

平均得点	OECD 平均よりも統計的に有意に高い国・地域
平均得点	OECD 平均と統計的に有意差がない国・地域
平均得点	OECD 平均よりも統計的に有意に低い国・地域

（出典）PISA2012 の結果速報。文部科学省の HP より
http://www.nier.go.jp/kokusai/pisa/index.html

である（志水宏吉・高田一宏『学力政策の比較社会学【国内編】』明石書店、２０１２年）。

実際のところ、私たちの実感としては、諸外国に比べると日本国内での学力格差への対処策は、きわめて手ぬるいものであった。例えば、秋田や福井では、大阪的な「しんどい層に手厚い指導」は全くと言ってもいいほど見当たらなかった。全体へのまんべんないていねいな働きかけが、おのずと全員の学力向上につながるという「常識」がそこにはあった。そのなかでは、大阪的な「特別扱い」はそもそも発想の外にあった。他方、同和教育・人権教育の伝統をもつ大阪や兵庫や高知といったところでは、「しんどい層に手厚く」というスタンス自体は重視されていたが、各地の政治状況のなかで必ずしもその伝統に即した施策が採られ続けていないという現状があった。特にその傾向は、大阪府で顕著であった。日本全体として、国レベルにおいても地方レベルにおいても、学力格差を克服するという課題に対する政策的対応は鈍かったと総括してよい。

ＰＩＳＡ２０１２の結果発表を迎えるに際して、私はどのような結果が出てくるだろうと、期待と不安がないまぜになったような気分であった。そこに出てきたのが、予想をはるかに上回るような好成績であった。平均点がアップしただけではない。格差の縮小も見られた。たとえば、読解力のテストにおいて「レベル１以下」（最も成績が低い層）の比率は２００９年では14％だったものが、今回２０１２年では10％にまで減少しているのである（ちなみにその前の２００６年では、その比率は18％にまではね上がっていた）。格差縮小の努力は表立っては見られないのに、データ的には格差が縮小しているという今回の結果を、どう評価すればよいのだろうか。

それはおそらく、次のような事態が進行したからではないかと推測される。ある高校の駅伝部を比喩として用いてみよう。その駅伝部は伝統あるクラブで、過去には全国制覇も達成したことがある強豪だった。しかし、近年になり、やや低迷気味となった。欧米の新しい手法を取り入れたトレーニング法や指導方法が、部員の走力アップにうまくつながらなかったのである。折しも、新たな全国大会が創設されることになり、その部でも「テコ入れ」策を採ることになった。とは言っても、新奇なことにチャレンジするのではなく、それまでの自校の伝統を再認識し、時代に即したアレンジを施すことで新時代に立ち向かおうとしたのである。

練習方法もすこぶる伝統的なもので、各人が目いっぱいの努力をして、それぞれタイムを一定程度あげることが目標と設定された。部員たちは黙々と坂道ダッシュや持久走といった練習に取り組んだ。取り組みの成果として、やがて部員たちの持ちタイムは押しなべて向上した。そしてその結果として、その駅伝部はかつてと同様の、全国有数の強豪としての名声を取り戻すことができたのである。しかしながら、実力本位の競争主義を敷いたため、一定数の「脱落者」が出てくることは避けがたかった。そうした一部の脱落者を除けば、レギュラーメンバーもそうでない者も、互いの切磋琢磨を通じて一様にタイムを伸ばすことができている。脱落者を出さないための部づくりをやった時期には、結果があまり出なかったという「苦い」思い出もある。監督さんには悩みもあったが、背に腹は替えられなかった。勝利至上主義と批判されても仕方がないが、結果がすべてを帳消しにしてくれる。

ここでのポイントは、全体の水準が上昇すれば、おそらく格差のある部分はおのずと縮小するということである。かつてある調査を実施した時、恵まれた地域の学校に在籍する「しんどい層」の平均点は、しんどい地域の学校の「しんどい層」よりも高くなる傾向があるということに私たちは気づいた。前者では、落ちついた雰囲気のなかで授業が行われ、おのずと「引き上げ」効果が生じるというわけである。逆に後者のタイプの学校では、授業よりも生徒指導、そしてじっくりと考えるタイプの授業よりも基礎・基本重視の授業が重視されるだろうから、B学力が育てられる余地がきわめて小さくなっていく。

いずれにしても、２００６～２０１２年にかけて、ＰＩＳＡ調査に見る日本の学力は著しく改善された。欧米の水準に比べると圧倒的に格差是正に向けての取り組み・施策が少ないにもかかわらず、である。格差是正のための施策を取り入れるべきだという議論を展開してきた私たちには、一見すると「都合の悪い」結果であるが、私個人はそう思ってはいない。むしろ、次のように考えればよいのではないかと思う。

日本風のやり方（＝みんなでがんばる）で国際学力テストの結果が回復してきたということは、私たち日本人の「自力」を物語っている。さらに、読解力テストにおいて日本より上位に位置するアジアの国・地域は、いずれも日本よりずっと規模が小さい。すなわち、それぞれの人口は、上海が１４００万人、香港が７００万人あまり、シンガポール５００万人あまりと、日本の10分の1かそれ以下である。日本ほどの多くの人口を擁する国で、同等の学力水準を誇る国は世界には他に存在しないのである。私たちは、もっと自信をもってよいと思う。

しかしながら、先にも見たように、義務教育修了段階の15歳で受けるＰＩＳＡの読解力調査に関して、「レベル1以下」の成績しか取れない生徒が10％ほどいるという結果は、決して看過してはならない事実である。10人に一人が満足に読み書きできる水準に達していないという結果を、手をこまねいて見ていてよいわけがない。それを0％にするのは現実的にはきわめてむずかしい目標だが、それに向けて私たちは努力を続けなければならない。それ以上の学力水準に到達することができないのは、彼ら個人の責任ではなく、日本社会全体の責任であると捉えるべきである。

求められているのは、集団的な努力によって子どもたち全体の学力アップを図るという日本的特質に、「しんどい層」に焦点をあて、そこに集中的に予算やエネルギーを投下して引き上げを図るというイギリスのニューレイバーの視点を組み合わせることである。実は後者の視点は、かつて大阪を中心とする関西で、同和教育のなかで育まれてきたものときわめて近い。その視点こそを、私たちは取り戻さねばならない。そうすれば、今以上に子どもたちの間の学力格差は縮小し、日本の子どもたちの学力実態はさらに世界に誇れるものとなるであろう。

5　まとめにかえて——大阪の現状から

本章では、政策という次元について考えてきた。イギリスでは、学力格差是正を目標とする政策によって、実際に学力格差が縮まったという事実を紹介した。取り上げたデータはごく一部のものであるが、他のデータからもその可能性を示唆することができる。

一方日本では、2003年以降のたしかな学力向上路線のもとで、PISA調査の結果がV字回復してきた様子を紹介した。データを見るかぎり、学力格差是正のための措置をとることなく、学力水準の全体的上昇の副産物として子どもたちの学力格差は縮小している可能性が高い。それを正確に言うためには、より丹念なデータ収集と分析が必要なのだが。

全国的にはそうなのだが、本章を締めくくるに際して、大阪の状況について改めてひとこと付け加えておきたい。大阪府の教育改革の動向については、以前まとめたことがある（志水宏吉『検証 大阪の教育改革』岩波ブックレット、2012年）。そこでの主張のポイントは、橋下徹氏率いる維新の会勢力は、かつてのイギリスのサッチャーのものと類似するような新自由主義的手法で大阪府の教育を急進的に変えようとしたが、府教委の「抵抗」のもとでそれがやや中和された形で現実に移されようとしているというものであった。維新の会の観点からすれば、この「抵抗」はネガティブな意味しかもたないものであるが、私の観点からすると、これは教育現場を守るために行われたというポジティブな意義を有しているということになる。

今、「たたかい」の場は、大阪府から大阪市に移っている。現在、大きな争点となっているのは、学校選択制の導入と民間人校長の登用の2つ。その中身については、すでに前章の最後でふれた通りである。新自由主義の論理のみで押してくる橋下市長の手法は、サッチャーのものにきわめて類似している。「結果を出すためには、多少の血が流れても仕方がない」「抵抗勢力は蹴散らすのみ」。こうした政策のおかげで、大阪の現場・教師たちは悪戦苦闘を余儀なくされている。

大阪では、「すべての子どもに十分な教育を保障する」という公正の原則が大変重視されてきた。そのよき伝統の「灯」が、政治の力で吹き消されようとしている。「公正を求める灯」は簡単に消えるものではない。しかしながら、政治的逆風が吹き続けるなら、灯の回りの空気が徐々に冷めていき、やがてはそれが消える日が来てしまうかもしれない。そうならないように、私たちはそれぞれの持ち場で、伝統の灯を守り続けていかなければならない。

あとがき

今年（2014年）の正月、わが家の大イベントがあった。家族そろっての沖縄旅行。74歳になる母親が、父の80歳の誕生日を記念して発案したイベントだ。集まったメンバーは、4世代にわたる総勢27人。長男の私には、3人の弟と一人の妹がいる。それぞれのファミリー。そして、神奈川県で暮らしている私の長男ファミリーなど、ほぼ全員が集合してくれた。傘寿を迎える父親から元日に1歳になった私の3番めの孫娘まで。現地では観光バスを借り上げて、3日間にわたって沖縄の食や観光地を大いに楽しんだ。

正月明けの仕事始めで、今私は高知県須崎市に来ている。当地の校長先生方に、今日の午後、「つながり格差」や「力のある学校」について話をすることになっている。昨晩は、知り合いの先生方や教育委員会の方々との懇親会であった。高知そしてこの須崎には、ここ十数年にわたって折にふれ、お招きいただいている。県内でもブランドとして知られる須崎の魚を文字通り「さかな」にして、旧交をあたためることができた。ありがたいことである。

3章で述べた理論的言葉で言うなら、今年の正月の充実ぶりは、志水家にあるボンディング・ソーシャルキャピタル、高知の先生方とのブリッジング・ソーシャルキャピタルによって実現したものである。本書で主張したかったのは、こうした諸々のソーシャルキャピタルの力で、子どもたちの間の学力格差を少しでも軽減させることができるのではないかというアイディアであった。

本書は、木村企画室の木村隆司氏の声かけによって実現した。それまで全く面識はなかったが、「つながり格差」について書かないかというオファーをいただき、これ幸いとばかりに、本書を執筆させていただいた。日々の忙しさから、完成は当初の予定より数か月遅れてしまったが、氏からの働きかけがなかったら、「つながり格差」についてまとめた本を書くことは、おそらくなかったのではないかと思う。木村氏に、深く感謝する次第である。

本書の中身は、この10年余りで行ってきた、学力に関する私の研究のひとつのまとめとなっている。きっかけは、東大在職時の2001年度に行った学力実態調査であった。その調査が、日本の子どもたちの学力の「2こぶラクダ化」の指摘、そして日本の「効果のある学校」の発見へとつながった。その関心はやがて、「力のある学校」という考えに結実する。「家庭の力」をくつがえす「学校の力」への注目、そして子どもたちのエンパワーをうながすという公立学校の役割の再認識。現在その研究関心は、その「学校の力」を十二分に発揮させる「行政の力」「政策の力」への着目へと、移行しつつある。

押しなべて先生方はよくがんばっている。日本の公立小・中学校のパフォーマンスは世界的に見てもハイレベルである、と私は感じている。しかしながら、そうした教育界の努力は、あまり伝えられないのが現実である。「いじめ」や「教員の不祥事」といったネガティブな側面のみが強調されて報じられる傾向にあるため、教育現場の努力は不当に軽んじられているのではないか。そうした現状を何とかしたい。今私は、強くそう感じている。

本書の主題である「つながり格差」仮説を私たちのグループが提出したのが2008年のことであった。2007年に実施された全国学力テストの分析を通じて見出されたのが、このアイディアである。それから早くも6、7年の歳月が過ぎようとしている。「つながり格差」仮説の再検証の準備も個人的には進めはじめているが、本書でそれを展開するには時期尚早と判断し、今回は見送った。

世界的に言うなら第1回のPISA調査が実施された2000年以降を、国内的には第1回の全国学力テストが実施された2007年以降を「学力調査の時代」と呼ぶことができると思うが、その間に生じた変化が「つながり格差」仮説を変容させる可能性もないではない。その学問的検討は、次の著作の課題としたい。

２０１４年正月　高知・須崎にて　　志水宏吉

著者紹介
1959年兵庫県生まれ。東京大学大学院教育学研究科博士課程修了(教育学博士)。東京大学教育学部助教授を経て、現在、大阪大学大学院人間科学研究科教授。専攻は、学校臨床学、教育社会学。著書に『学校にできること』(角川選書)『変わりゆくイギリスの学校』(東洋館出版社)『学校文化の比較社会学』(東京大学出版)『検証―大阪の教育改革』(岩波ブックレット)『学力を育てる』(岩波新書)『公立学校の底力』(ちくま新書)など多数。

「つながり格差《かくさ》」が学力《がくりょく》格差《かくさ》を生《う》む

著者　志水《しみず》 宏吉《こうきち》

2014年4月25日　第1刷発行
2020年5月12日　第8刷発行

発行所　株式会社亜紀書房
東京都千代田区神田神保町1-32　〒101-0051
電話　03-5280-0261
振替　00100-9-144037
http://www.akishobo.com

装幀　藤田知子
イラスト　大高郁子
印刷・製本　株式会社トライ　http://www.try-sky.com

ISBN978-4-7505-1405-5